**Gebrauchsanweisung
für London**

Ronald Reng

Gebrauchsanweisung für London

Piper München Zürich

www.cpibooks.de/klimaneutral

Mehr über unsere Autoren und Bücher:
www.piper.de

Für Barbara, für die ich London verließ

Für Krisztina, Michael, Raphael, Rob und den Churchill Football Club, wegen denen ich gerne geblieben wäre

ISBN 978-3-492-27534-7
10. Auflage 2015
© Piper Verlag GmbH, München/Berlin 2004
Gesamtherstellung: CPI books GmbH, Leck
FSC-Papier: Munken Premium von Arctic Paper Munkedals AB, Schweden
Printed in Germany

Inhalt

Die Stadt, sie schwingt	7
Wir rufen Sie zurück	17
Londoner I: Tony Hawks	29
Laub auf den Schienen	34
Jungs in der City	43
Londoner II: Joseph Friedmann	55
Wir trinken genug	61
Londoner III: Emily Richard	80
So teuer	85
Die Entdeckung der Moderne	95
Londoner IV: Wolfgang Tillmans	105
Sterne	112
Junge Träume	123
Londoner V: Marta Kasencakova	142
Freddie Starr aß den Hamster	148
Der Rote Ken	162
Londoner VI: Matthew Syed	172
Gel dir die Haare, wir sind im Cup-Finale!	178
Londoner VII: Pandit Jee Mahraj	197

»London; eine Nation, keine Stadt.«
Premierminister Benjamin Disraeli, 1870

Die Stadt, sie schwingt

Ich kannte London noch nicht und liebte es schon.

Ein Freund, dem ich bedingungslos vertraute, erzählte mir, dass in London die Geheimagenten durch Rosen an ihrem Revers heimlich miteinander reden konnten; den Briten war es gelungen, Blumen mit Mikrophonen in den Stängeln zu züchten. Meine Eltern ließen mich mittwochs bis nach zehn aufbleiben, und in der Europapokal-Zusammenfassung des deutschen Fernsehens sah ich die furiosen Tacklings der englischen Fußballer, ich spürte einen nie gekannten, aber auf merkwürdige Weise angenehmen Schauder, als die tiefen Gesänge der englischen Fans hinter dem Tor von Bayern Münchens Keeper Walter Junghans erklangen.

In der Schule lernten wir aus Büchern, in denen fabelhafte Sätze standen wie »Waiter, my toast is black!«, die wir uns den ganzen Nachmittag an den Kopf warfen, und irgendwann bekamen wir Besuch von einer Schulklasse aus England, voller Mädchen, die zwar weder von Rosen mit Mikrophon gehört hatten, noch etwas mit unseren Beifall heischend hingeworfenen Sätzen »Waiter, my toast is black!« anfangen konnten, aber unglaublich schöne Blümchenkleider trugen.

Ich war 13, und ich wusste: Dort würde ich leben.

Um ehrlich zu sein, ich war mir damals auch sicher, einmal in Budapest, Palermo und Reykjavik zu leben.

Später fuhr ich tatsächlich überall dorthin. Ich verbrachte in Budapest einen Abend mit einem Russen, der nur Russisch sowie einen Satz Englisch sprach, den er mir dafür umso öfter entgegenschleuderte: »I am a fuckin' desperado, you understand, a fuckin' desperado.« Ich verschickte aus Palermo mit meinem Freund Günther goldverzierte, professionell gemachte Karten, die von unserer Doppelhochzeit mit zwei fiktiven Sizilianerinnen kündeten. Ich sah in Reykjavik zum ersten Mal im Leben ein Mädchen, das auf die Straße pinkelte. Ich war glücklich und dachte, in London würde es genauso sein. Ich hatte ja keine Ahnung.

Es war Januar 1997, ich hatte das Studium in München beendet, einen Rucksack und eine Sporttasche dabei und einen Bekannten in Islington, bei dem ich auf dem Boden schlafen durfte. Jeden Morgen studierte ich die Mietangebote in dem Anzeigenblatt *Loot*, sprach auf ungezählte Anrufbeantworter von Vermietern, von denen ich, während ich redete, schon wusste, dass sie nie zurückrufen würden, und erreichte eine Prostituierte, deren Offerten versehentlich in die Mietangebote gerutscht war. Am vierten Tag fand ich ein Zimmer in Marylebone. Dusche und Toilette waren auf dem Gang, aus der Matratze sprangen losgelöste Metallfedern wie Stachel hervor. Ich bekam Atemnot, weil es in dem Zimmer nicht viel gab, aber reichlich von etwas, wogegen ich allergisch bin: Hausstaub. Die Miete betrug 400 Pfund im Monat, der Strom floss, wenn ich ein Fünfzig-Pence-Stück in den Zähler neben meinem Bett warf. Ich beschloss, aus London nie mehr fortzugehen.

Ich schrieb für deutsche Zeitungen über englischen Fußball und viele Briefe nach Hause, und wurde zunehmend verzweifelter, weil ich fühlte, meine Worte reichten nicht aus, um all die Wunder, die ganze Schönheit Londons zu beschrei-

ben. Ich dachte, Dichter müsste man sein. Und eines Herbst-
tages in London hatte ich die Halluzination, ich wäre es.

Es war der Moment, als das Tageslicht schon verschwunden, die Dunkelheit aber erst im Kommen war,
als
sich das Zwischenlicht über die Stadt legte und alles in
seinen besänftigenden milchigen Dunst einhüllte, die
geraden Reihen der immer gleichen Backsteinhäuser mit
den bunten Türen, die Fußball spielenden Kinder im
Bishop's Park mit den aus den Hosen hängenden, am
Morgen noch weißen, nun lehmverschmierten Schul-
hemden, genauso wie die im ewigen Stau auf der Putney
Bridge stehenden Autos mit den zitternden Auspuffen,
als
in Victoria die Leute zu Tausenden hinunter auf die
Bahnsteige strömten und in der Menschenmasse niemand dem anderen in den Weg kam, nicht einmal einer
den anderen berührte, die vielen jungen Männer mit
den immer noch nadelgestreiften Anzügen nicht die
schon etwas älteren Frauen mit den trotzdem noch hohen Absätzen, die unvorhergesehen in diese Karawane
der Berufspendler geratenen Nachmittagseinkäufer mit
ihren extragroßen Plastiktüten nicht die alte Frau mit
ihren vorsichtigen, langsamen Schritten und dem *Evening Standard* fest in der rechten Hand, den sie gleich, in
der U-Bahn, auf den wenigen Zentimetern Platz, die ihr
vor ihrem Gesicht blieben, lesen würde, aus einem Au-
genwinkel immer darauf achtend, dass sie niemanden
anstieße,
als
im *Dove* an der Hammersmith Bridge der Kinokarten-
abreißer aus dem nahen Riverside Cinema mit der bleichen Haut zwei italienischen Touristen zwei große Biere
kaufte, auch, weil er einige wenige nette Worte mit

ihnen gewechselt hatte, aber vor allem weil er Dienst-
schluss hatte,
als
ich, der gerade die U-Bahn in Victoria genommen hatte
und später auf dem Fußweg nach Hause einer Gruppe
fröhlich schwatzender Jungen mit lehmverschmierten
Hemden begegnen würde, ins *Dove* eintrat, den Kino-
kartenabreißer das Bier für die Italiener ordern sah
und
spürte, was die Leute meinen, wenn sie sagen,
London, es schwingt.

Es ist vermutlich nicht das Geschickteste, ein Buch mit einer
Bankrotterklärung zu beginnen, doch die Wahrheit ist: Ich
fürchte, viel besser als der junge Möchtegern-Dichter damals
kann ich auch heute nicht in Worte fassen, wie wunderschön
London ist. Ich will es trotzdem zumindest versuchen. Vielleicht sollte ich es so einfach wie möglich ausdrücken:

Es gibt keine bessere Stadt.

Budapest, Palermo, Reykjavik haben ihren Reiz. London
aber hat alles, und von allem im Überfluss: Einwohner, die die
Höflichkeit zum höchsten Gut erhoben haben. Parks, die
größer als deutsche Kleinstädte und schöner als Hugh Grant
sind. Hugh Grant. So viel Energie. So wenig Regen (weniger
als Köln zum Beispiel). Den Premierminister Tony Blair, der
in seiner Freizeit das Hemd aus der Hose und die Hose ohne
Gürtel trägt, weil Engländer das so machen. Das *Zafferano's*,
ein besseres italienisches Restaurant als halb Italien hat. Die
Tate Modern. Bars, in denen die Leute dreizehn Biere trinken und sagen: »Ich esse heute ja auch nichts!« Die weiten
Abschläge von Arsenal-Torwart Jens Lehmann. Die anmu-
tigste Schauspielerin der Welt (Wer? Weiterlesen!). Den *Common Sense*, den das Langenscheidt-Wörterbuch mit »gesunder

Menschenverstand« übersetzt, auch wenn das diese bewundernswerte, unübersetzbare englische Geisteshaltung höchstens halb erklärt. Hunderennbahnen. *The last night of the Proms.* Kate Winslet (aha!). Ein Bruttosozialprodukt, größer als das von Schweden oder Irland. Einwohner, die sich selbst am allerwenigsten ernst nehmen.

Natürlich hat London auch: Einwohner, die hinter ihrer Höflichkeit verstecken, was sie wirklich denken. Hugh Grant. Eine U-Bahn, in der im Sommer nie weniger als 40 Grad herrschen – und das in einem Land, in dem Tiertransporte bei über 35 Grad verboten sind. Preise, die einen fassungslos machen (2,90 Pfund das Bier, 8 Pfund das Kino). Einwohner, die einem nach dem dreizehnten Bier vor die Haustüre pinkeln.

Aber das verdrängt man, das ignoriert man ganz bald. Weil man ja einer dieser Einwohner werden will, die sich selbst am allerwenigsten ernst nehmen.

All das hält London in Bewegung, und kein Verb beschreibt für mich Londons Bewegungen besser, selbst wenn die *Swinging Sixties* längst nur noch verklärte Erinnerungen sind: Die Stadt, sie schwingt.

Sie hört nie auf. Sie hat noch nicht einmal einen Horizont. Nach zwei, drei Jahren in der Stadt glaubte ich, ich würde mich auskennen, und dann traf ich jemanden, der sagte, er wohne in Upney, und ich fragte mich: »Wo zur Hölle …?« 972 Quadratkilometer groß sei London, steht in der Statistik der Stadt, vielleicht sagt das irgendjemanden etwas, mir fehlt dazu die Vorstellungskraft. Ich spürte die ganze Größe Londons, als ich einmal mit einem Freund von seiner Wohnung in Southgate, im Norden der Stadt, zu mir nach Fulham, in den Südwesten, fuhr. Wir schauten auf den Tacho: 41 Kilometer. Und ich hatte gedacht, ich würde im Zentrum wohnen!

Der Architekt Richard Rogers, der in Chelsea wohnt und unter anderem das gelobte Lloyd's Haus in der City entworfen hat, verkündet zwar schon seit Jahren, die Londoner würden bald das ganze Land zubetoniert haben, wenn sie nicht endlich anfingen, in die Höhe statt in die Breite zu bauen. Doch noch stoßen solche Appelle auf wenig Gehör. Wer auf dem Primose Hill steht, dem schönen Hügel am Nordende des Regent's Park, blickt auf eine wenig beeindruckende Skyline. Saint Paul's Cathedrale ist natürlich zu sehen und einige neuere höhere Gebäude wie der *Gherkin*, das von Rogers' großem lokalen Rivalen Norman Foster errichtete, einem erigierten Riesenpenis nicht unähnliche Hochhaus einer Schweizer Rückversicherung. Aber sonst ist London flach, eine Kilometer breite Flunder. Die Idee, dass jede Familie ihr eigenes Haus haben muss, ist tief verankert im Londoner Denken, und so breiten sich in alle Himmelsrichtungen, kreuz und quer Reihenhäuser aus. Gerade in den Außenbezirken zeigt sich, wie geflickschustert und zusammengewürfelt London ist. Hier noch ein Anbau, dort noch ein Schornstein. In dieser Stadt darf jeder seinen Individualismus ausleben, auch wenn es sehr oft einfach nur Planlosigkeit ist. Selbst die Statue am Piccadilly Circus, im Herzen der Stadt, ist eine grandiose Fehlkonstruktion: Sie zeigt den *Engel der christlichen Barmherzigkeit*, mit einem Bogen in der einen Hand – aber ohne Pfeil in der anderen, was schon vor der Einweihung für viel Gelächter sorgte (und Mutmaßungen, ob der fehlende Pfeil die Impotenz des nackten Engels darstellen sollte). Als dann auch noch beim feierlichen Festakt 1893 ein beachtlicher Teil der Fontäne nicht in das Springbrunnenbecken herabfiel, sondern auf die umstehenden Passanten, wurde der Bildhauer Sir Alfred Gilbert, der das Denkmal entworfen hatte, mit Hohn und Spott überschüttet. Kurz vor seinem Tod gestand der arme Gilbert: »Die Angelegenheit Piccadilly hat mein Leben zerstört.«

Londons Schönheit liegt nicht in seinen Monumenten und Wahrzeichen. Sie liegt im Alltag, im Miteinander der Menschen. Ich kam als Deutscher nach England und lernte, dass du die Sprache noch so gut beherrschen, noch so viel mit Einheimischen zu tun haben, vielleicht sogar eine Einheimische heiraten kannst, dass aber der Einwanderer – wie überall auf der Welt – immer ein Ausländer bleiben wird. Ich kann mir bloß nicht vorstellen, dass es irgendwo anders so angenehm ist, Ausländer zu sein.

London ist eine Stadt, in der längst die ganze Welt zu Hause ist. 7,5 Millionen Menschen leben heute hier. Knapp ein Viertel der Bewohner gehören ethnischen Minderheiten an und jedes Jahr wächst die ausländische Bevölkerung um 120000 Menschen. 300 Sprachen, zählte das *London Research Centre* in seiner Erhebung von 1999, werden in London gesprochen, wobei nach meiner Erfahrung viele Londoner aufgegeben haben, zwischen unterschiedlichen Sprachen und Akzenten zu unterscheiden. »Oh, du bist Franzose, nicht wahr?!«, sagen sie, aber kein Neuankömmling sollte sich daraufhin wegen seiner vermeintlich französisch zarten Aussprache geschmeichelt fühlen. Für jene Londoner sind alle Ausländer aus Frankreich, der Einfachheit halber.

Die Anwesenheit von Ausländern allein unterscheidet London allerdings noch nicht von Sydney, New York oder Frankfurt. Erst der Umgang untereinander macht London so besonders. Wenn schon nicht miteinander, so leben die verschiedenen Kulturen doch zumindest hervorragend nebeneinander und mischen sich zur großen *Nation of London.* Eines Samstags lud mich eine italienische Freundin zu ihrer Geburtstagsfeier in ein sudanisches Restaurant ein, wo mir der amerikanische Freund ihrer besten Freundin mit seinem alkoholbefeuerten Geprahle im Ohr lag, während ich viel lieber mit der Griechin mir gegenüber geredet hätte. Aber Gott sei Dank gingen wir dann bald in einen Nachtklub im East End, wo sich der betrunkene Amerikaner mit einem Londoner pakistanischer Abstammung prügelte und ihm keiner von uns half, weil wir anderen Männer damit beschäftigt waren, die Griechin mit unserem Wissen über den iranischen Film zu beeindrucken, den wir gerade im *ICA* gesehen hatten. Keiner von uns wäre auf die Idee gekommen, irgendetwas an jenem Abend außergewöhnlich zu finden (außer vielleicht die Tatsache, dass der Amerikaner um fünf Uhr morgens immer noch aufrecht stand). Weil das alles – das italienische Geburtstagskind, das sudanische Restaurant, der betrunkene Amerikaner, der iranische Film – für uns einfach London war.

Natürlich gibt es auch in London Viertel, in denen die einzelnen ethnischen Gruppen fast unter sich bleiben, etwa in Southall, wo man leicht glaubt, mit dem Vorstadtzug mal eben nach Indien gereist zu sein, oder in Stoke Newington, wo man jemanden nach dem Weg fragt und zurückgefragt wird, ob man auch Türkisch spreche, Englisch gehe nicht so gut. Selbstverständlich gibt es auch traurige Fälle von xenophoben Grausamkeiten, und zwar in allen vorstellbaren Formen, nicht nur Weiß-gegen-Farbig. Während ich dies schreibe, berichten die Zeitungen vom Tod der sechzehnjährigen Heshu Yones, die eine junge Londonerin wie so viele war – selbstbewusst, mit Mobiltelefon und Make-up – und von ihrem kurdischen Vater ermordet wurde, der die Sticheleien seiner muslimischen Freunde nicht mehr aushielt: Wann er endlich etwas dagegen tue, dass seine Tochter einen Freund libanesischer Abstammung, christlichen Glaubens habe.

Aber diese Fälle sind im Verhältnis zur Größe der Stadt, zur Vielfalt ihrer Bevölkerung erstaunlich selten. Die ethnischen Viertel sind keine Ghettos, oft sehr wohl sozial schwierige Gegenden, aber mindestens genauso oft fröhliche Seiten einer Stadt, die eine niedrigere Kriminalitätsrate als Madrid oder Rom hat, gar nicht zu reden von vergleichbaren Metropolen wie Paris oder Moskau.

Zwei Wesenszüge, die der englischen Kultur seit Jahrhunderten eigen sind und in der Erziehung von Generation zu Generation als essenziell weitergereicht werden, vermischen sich in London aufs Beste: Die englische Höflichkeit und das gleichsam antrainierte englische Desinteresse gegenüber Fremden haben ein Klima ermöglicht, das ich *die gleichgültige*

Toleranz nennen möchte. Man nimmt fremde Neuankömmlinge nicht mit offenen Armen auf, sondern als Selbstverständlichkeit einfach so hin. Gegründet von Ausländern, den Römern im dritten Jahrhundert nach Christus, zog Londinium als Handelszentrum vom ersten Tag an die Herren aller Länder wie ein Magnet an. Die Einwanderung zieht sich durch die verschiedensten Epochen; die in Frankreich religiös verfolgten Hugenotten zum Beispiel wurden nach ihrer Flucht 1695 hier genauso gleichgültig toleriert wie die Inder, die in den 1960er und 70er Jahren nach dem Zusammenbruch des britischen Empires in Scharen aus den ehemaligen Kolonien eintrafen.

Dass die Stadt keine Ghettos kennt, liegt auch – es klingt nur im ersten Augenblick paradox – am dörflichen Charakter der größten Metropole Westeuropas. Es war gar kein Platz, wie in Paris oder Rom, den Stadtrand immer weiter nach außen zu dehnen und an der Peripherie in gesichtslosen Wohntürmen großflächig Ghettos anzusiedeln, denn anders als normale Großstädte wächst London nicht von innen nach außen, sondern von außen nach innen. London setzte sich über die Jahrhunderte langsam aus den vielen kleinen Vororten und Dörfern zusammen, die in der Nähe der ursprünglichen City of London – dem heutigen Finanzdistrikt – lagen. Noch heute tun etliche dieser ehemaligen Vororte und jetzigen Stadtteile so, als hätten sie nichts mit der Stadt zu tun, deren Teil sie längst sind. In Barnes im Südwesten oder in Hampstead im Norden, mitten in dieser gigantischen Stadt, sieht man grüne Wiesen, liebliche Häuser, nette Sträßchen. Auch politisch hat bis heute jeder der 33 Londoner Stadtteile (*boroughs*) seine eigene Verwaltung behalten, und so wurde auch die Armut nicht an den Stadtrand gedrängt, sondern lediglich dezentralisiert: Jeder *borough*, selbst ein reicher wie Kensington & Chelsea, hat seine eigenen *council estates*, Siedlungen oder Blocks mit Sozialwohnungen. Ob es auf den berüchtigten englischen Humor zurückzuführen ist oder nur auf die Laune eines wildgewordenen Stadtverwalters, ist mir nicht bekannt, jedenfalls heißen die Estates in Chelsea treffender- oder zynischerweise, je nach Blickwinkel: *World's End.*

London sei nicht England, sagen die Leute. Wie in den meisten Ländern, in denen eine einzige Metropole nahezu die gesamte politische und wirtschaftliche Macht besitzt und fast das komplette kulturelle Leben kontrolliert, sind auch in Großbritannien die Unterschiede zwischen der Kapitale und dem Rest des Landes gravierend. Doch, wenn auch nicht England, so ist London doch zumindest noch immer sehr englisch. Denn am Ende des Tages versucht selbst die Mehrheit von uns Auslandslondonern, die wir thailändische Restaurants, spanische Gestik oder deutsche Fußballtugenden nach London bringen, englisch zu werden. Deshalb sind wir ja gekommen: Weil wir ein Teil der *Nation of London* sein wollen, weil wir die Engländer aufrichtig bewundern. Ihre stoische Ruhe gegenüber Problemen. Ihre Schriftsteller. Ihre Redewendungen (»Well, to be honest with you, at the end of the day I simply have to admit that he is just not my cup of tea«). Ihren Takt. Ihre Rosen mit Mikrophonen.

Als ich heute am späten Nachmittag wieder an der Themse in Fulham entlangging, um mir Gedanken über dieses Buch zu machen, habe ich ihn wieder erlebt: den Moment, als das Tageslicht schon verschwunden, die Dunkelheit aber erst im Kommen war, und sich das Zwischenlicht über die Stadt legte und alles in seinen besänftigenden milchigen Dunst einhüllte. Und ich dachte an den Titel dieser Buchreihe: »Gebrauchsanweisung für ...«. Es ist ein sehr schöner Titel. Aber um ehrlich mit Ihnen zu sein, so muss ich am Ende des Tages zugeben, dass er in diesem Fall einfach nicht meine Tasse Tee ist. Dieses Buch ist keine Gebrauchsanweisung für ... Es ist eine Liebeserklärung an London.

Wir rufen Sie zurück

Ich kam in dem Glauben nach London, Englisch zu verstehen. Ich war mir sicher: *»We call you back«* hieß: »Wir rufen Sie zurück.« Dann rief ich Vicki Oyston an und wusste es besser. *»We call you back«* hieß: »Scheren Sie sich zum Teufel.«

Ich war auf einiges gefasst, als ich die Nummer des Blackpool Football Clubs wählte und Vicki Oyston verlangte. Nachdem sie 1988 Vorstandsmitglied des Profivereins geworden war, hatte sie unmissverständlich klar gemacht, welchen Umgangston sie pflegte. Nervös hatte sich Sam Ellis, der damalige Trainer des Teams, vor dem ersten Auswärtsspiel an sie gewandt: »Ich verstehe sehr gut, dass Sie im Mannschaftsbus mitfahren wollen, Vicki, und ich habe damit auch kein Problem. Es ist nur...«, Ellis zögerte, »ich bin nur ein wenig besorgt wegen der schlimmen Sprache im Bus.« Oh, sagte Vicki, er brauche keine Angst zu haben, sie werde sich zurückhalten.

Im Mai '96 wurde Vickis Mann Owen Oyston, ein reicher Unternehmer und Besitzer des Blackpool Football Clubs, zu sechs Jahren Haft wegen Nötigung und Vergewaltigung verurteilt. Vicki übernahm kurzerhand die Präsidentschaft des

Clubs. Eine Frau als Chefin in der Männerwelt Fußball eine spannende Geschichte, dachte ich, die sich als Reportage sicher an die Wochenendbeilagen der deutschen Zeitungen verkaufen ließe.

»Hello, Blackpool Football Club.«

»Hallo, hier ist Ronnie Reng, von der *Süddeutschen Zeitung*, der größten seriösen Zeitung Deutschlands.« Ich hatte in meinen ersten Tagen in London bereits gelernt, dass ein paar Vereinfachungen und Superlative hier selten schadeten.

»Guten Morgen.« Die Sekretärin klang ausgesprochen freundlich.

»Ich möchte gerne Vicki Oyston sprechen, bitte.«

»Oh, Vicki ist gerade nicht im Haus. Worum geht es denn?«

»Ich möchte sie interviewen. Sie wissen schon: Eine Frau an der Spitze eines Fußballklubs, das ist selten.«

»Sicher. Das ist sehr nett von Ihnen, eine interessante Idee. *We will call you back*, wenn das in Ordnung ist.«

»Ja, das wäre sehr freundlich. Meine Nummer ist 0207-3 487 505.«

»Wir rufen Sie so schnell wir können zurück.«

Ich war zufrieden und sollte es für die nächsten vier Tage bleiben. Dann hatte Vicki immer noch nicht zurückgerufen. Ich wurde unruhig. In zwei Tagen würde ich nach Liverpool für eine andere Reportage fahren. Ich wollte die Gelegenheit nutzen, wenn ich schon mal im Nordwesten war, auch gleich ins nahe Blackpool zu fahren. Das war denen beim Blackpool Football Club wohl nicht bewusst, dachte ich, und rief noch einmal an.

»Hello, Blackpool Football Club.« Ich erkannte die Stimme, es war dieselbe Sekretärin wie vor vier Tagen.

»Hallo, hier ist Ronnie Reng, erinnern Sie sich? Von der

Süddeutschen Zeitung, der größten seriösen Zeitung Deutschlands.«

»Guten Morgen.« Sie sagte es genauso freundlich wie beim letzten Mal, aber ohne mir den geringsten Hinweis zu geben, ob sie sich an mich erinnerte oder nicht.

»Ich wollte gerne Vicki Oyston interviewen, und ich weiß, dass Sie eigentlich zurückrufen wollten, aber ich fahre in zwei Tagen nach Liverpool und ich dachte...« Sie unterbrach mich.

»Oh, Vicki ist gerade nicht im Haus. Worum geht es denn?« Sie war immer noch freundlich, ich aber irritiert. Hörte sie mir überhaupt zu?

»Äh, ich möchte sie interviewen. Sie wissen schon: Eine Frau an der Spitze eines Fußballklubs, das ist selten.«

»Sicher. Das ist sehr nett von Ihnen, eine interessante Idee. *We will call you back,* wenn das in Ordnung ist.«

»Ja, ja, aber ich fahre in zwei Tagen nach Liverpool, und...«

»Wie ist Ihre Nummer?«

»Aber die habe ich Ihnen doch schon gegeben...«

»Würden Sie bitte Ihre Nummer wiederholen?«

Ich rief in den nächsten vier Tagen noch sechsmal an. Von zu Hause, vom Bahnhof in London-Euston vor der Abfahrt nach Liverpool, aus einem kirchlichen Wohnheim in Liverpool, aus einer Telefonzelle in den Straßen von Liverpool. Ich dachte, irgendwann muss Vicki doch einmal im Büro sein, und wenn ich erst einmal persönlich mit ihr rede, wird alles ganz einfach sein. Sechsmal erreichte ich dieselbe Sekretärin, sechsmal war sie ungeheuer freundlich, sechsmal fragte sie mich, worum es gehe, sechsmal sagte sie zu mir »*We call you back,* wenn das in Ordnung ist?« und »Was ist Ihre Nummer, bitte?« Ich fragte mich, ob sie vielleicht nicht mehr ganz zurechnungsfähig war. Heute bin ich mir sicher, dass sie dasselbe von mir dachte.

Wohl kein anderes Volk hat seine Sprache für den formalen Gebrauch so codiert wie die Engländer. Für Neuankömmlinge, so gut sie auch Englisch sprechen, ist es anfangs quasi unmöglich, die Regeln zu entschlüsseln. Wenn ein Engländer sagt: »Sehr interessant«, spielt es kaum eine Rolle, ob Begeisterung in seiner Stimme mitschwingt. In der Regel meint er damit: »Ihr Geschwätz langweilt mich zu Tode.« *We call you back* dagegen kann bedeuten, dass zwei Tage (oder auch mal zwei Wochen) später zurückgerufen wird – oder eben wie damals in Blackpool: »Lassen Sie uns bloß in Ruhe!« Es braucht vermutlich jahrelange Erfahrung und viel Fingerspitzengefühl, um den Code zu knacken. Oft liegt der Schlüssel in der Tonlage. Wenn die Sekretärin etwa ihr *We call you back* rasend schnell und ganz beiläufig hinwirft oder wenn sie beim zweiten Anruf ohne zu zögern darauf beharrt, dass Vicki schon wieder in einem Meeting oder nicht im Hause ist, kann man fast sicher sein, dass man gefälligst nicht mehr nachfragen sollte. Fast sicher. Könnte ja auch sein, dass die Sekretärin nur Kopfschmerzen hat.

Es ist eine nicht unberechtigte Frage, warum englische Sekretärinnen nicht einfach sagen: »Es tut mir Leid, Vicki Oyston möchte Ihnen kein Interview geben.« Die Antwort allerdings ist einfach: Weil es, nach englischem Verständnis, unhöflich wäre. Man stößt die Leute nicht vor den Kopf. Für mich, der ich in Deutschland dazu erzogen worden bin, offen seine Meinung zu sagen, waren die englischen Formalitäten zunächst ein Dschungel, in dem ich permanent Gefahr lief, mit einem falschen Wort zur falschen Zeit auszurutschen. Nach einer Weile jedoch erkannte ich, wie viel angenehmer die legendäre englische Höflichkeit den Alltag macht. Tief in mir hege ich zugegeben den Verdacht, dass die Engländer mit ihrer Diskretion vor allem eines erreichen wollen: ihre zweite Seite zu verstecken. Doch welche Motive auch immer dahinter stecken mögen – gerade in der Hektik einer Großstadt wie London ist die englische Weigerung zu brüllen oder auszuflippen ein Segen. Wobei die Londoner für meinen Geschmack manchmal vielleicht doch etwas zu weit gehen, etwa wenn der Bus wieder einmal vierzig Minuten auf sich warten lässt. Und die Londoner stehen regungslos Schlange. Sagen nichts, machen nichts. Stehen da. Kommt der Bus endlich, steigen sie ein, zahlen ihr Ticket, sagen lächelnd *Thank you* zum Fahrer und nehmen Platz. Wie oft habe ich mir in solchen Momenten gewünscht, dass irgendjemand den Fahrer anschreit, wo er denn verdammt nochmal so verdammt lange geblieben sei! Wie sehr habe ich mich danach gesehnt, bestätigt zu bekommen, dass ich nicht anormal bin, mit meiner Wut, mit meinem Jähzorn.

Aber es gab – und da können wir beim Beispiel Busfahren bleiben – viel mehr Situationen in London, in denen mir klar wurde, dass die antrainierte Zurückhaltung die Engländer vielleicht nicht schneller zum Ziel, aber dafür zu einem angenehmeren Leben führt. Wir waren mit dem 74er von Roehampton Richtung Baker Street unterwegs, zumindest hatten wir das geglaubt. An der Grenze zwischen Fulham und Hammersmith jedoch bog der Fahrer nicht wie vorgesehen in die Lillie Road ab, sondern fuhr einfach weiter die Fulham Palace Road hinauf. Die ersten Fahrgäste sahen sich an. Niemand sagte etwas. Als wir an der Hammersmith Station vorbei und weiter geradeaus, nun vollends in die falsche Richtung fuhren, sagte noch immer niemand etwas. Immer mehr Fahrgäste blickten sich an. Der Augenkontakt genügte, uns zu versichern, dass die anderen dasselbe dachten: Er hat sich verfahren. Und der Blickkontakt sagte auch: Wollen *Sie* nicht nach vorne gehen und es ihm sagen? Diese höchst unangenehme Aufgabe übernahm schließlich eine Frau um die sechzig, mit grauen Haaren und weichen Zügen – genau die richtige Person für solch einen prekären Fall: Man sah ihr an, dass sie es nicht böse meinte.

»*Excuse me, my love*«, sagte sie zum Busfahrer, »ist es eventuell möglich, dass du dich ein klein wenig verfahren hast?«

Der Busfahrer war erleichtert, dass es endlich jemand bemerkt hatte. Und als wir sahen, dass er weder gemeingefährlich noch uns böse war, weil wir ihn auf seinen Fehler hingewiesen hatten, überschlugen wir Fahrgäste uns regelrecht mit Tipps und Anweisungen, um den Bus wieder auf die richtige Route zu bringen. Manche Leute mussten zwar einen Bus zurück nehmen, weil wir ihre Haltstellen nicht mehr anfahren konnten, die anderen kamen mit zwanzigminütiger Verspätung an, aber wir alle stiegen gut gelaunt aus.

Ursprünglich steckte hinter der englischen Höflichkeit nicht unbedingt die Idee, sich das Leben leichter zu machen. In allen Situationen sachlich und ruhig zu bleiben, galt in der herrschenden *Upper Class* des britischen Empires schlichtweg als Zeichen von Stärke. Öffentlich Gefühle zu zeigen, hieß, die Kontrolle zu verlieren. Diese Verhaltensregel wird nicht offen an den Schulen gelehrt, aber sie wird heute – Jahrzehnte, Jahrhunderte später – noch immer unterschwellig als ein Muss an die nächste Generation weitergegeben, durch alle sozialen Schichten hindurch. Als im November 2003 beim Besuch des amerikanischen Präsidenten George Bush 120 000 Londoner am Trafalgar Square gegen die Irakpolitik der Amerikaner demonstrierten, gab der Schriftsteller Lawrence Norfolk zu bedenken, welche Überwindung es seine Landsleute gekostet hatte, auf die Straße zu gehen: »Zu protestieren hat in Großbritannien keinen besseren Ruf als sich zu beklagen, und Letzteres ist, offiziell zumindest, so akzeptabel, wie die Details des Verdauungsvorgangs zu erörtern... *Beklage dich nie, erkläre nie*, das ist seit Generationen das Mantra der britischen Oberklasse. Deshalb sind wir Briten zurückhaltende Demonstranten. Wir sind Weltmeister darin, uns mit etwas abzufinden. Deshalb kommen unsere Züge zu spät, deshalb schließen unsere Pubs zu früh, und deshalb ist unsere einheimische Küche nur genießbar, wenn man dreimal am Tag frühstückt.«

22

Tatsächlich lieben Engländer nichts mehr, als sich zu beklagen. Aber sie tun es nur im Privaten. Das höchste Gebot, ein freundliches Gesicht zu wahren, gilt bloß für formale Auftritte, wenn sie mit jemandem reden, den sie nicht oder nicht so gut kennen, bei der Arbeit oder im öffentlichen Raum. Wenn sie unter Freunden sind, haben Engländer eine große Freude daran zu schimpfen und zu zetern – und zwar am liebsten über sich und ihr Land. Dass ihre Züge zu spät kommen, ihre Pubs zu früh schließen, die einheimische Küche nur genießbar ist, wenn man dreimal am Tag frühstückt...Dieser Charakterzug ist neben der Höflichkeit das Wichtigste, was ein moderner Engländer haben muss: Selbstironie.

Die Engländer selbst verwenden dafür sogar ein noch stärkeres Wort. *Self-deprecation*. Selbstverachtung. Es ist das größte Kompliment, das etwa mein Freund Ian zu vergeben hat: »*He is really self-deprecating.*« Das ist eine Kunst, mit der gerade wir Kontinentaleuropäer große Schwierigkeiten haben: In den Augen der Engländer sind wir leider zu oft einfach nicht selbstverachtend genug. Da bekommt ein griechischer Austauschstudent zum Geburtstag nur Knoblauchzehen geschenkt, von einem englischen Geburtstagsgast nach dem anderen; da wird ein deutscher Banker bei der Weihnachtsfeier in der City vom Kollegen im Hitler-Kostüm empfangen, und was passiert? Der Grieche und der Deutsche können nicht richtig lachen. Wir machen den schlimmsten Fehler, den man in England begehen kann: Wir nehmen uns selbst zu ernst.

Dabei ist es kurios, dass die Engländer, obwohl sie so viel Wert auf Takt legen, beim Spaßmachen oft ins Extrem ausschlagen. Die krasse, schrille Seite des britischen Humors repräsentiert niemand besser als Basil, der exzentrische Hotelbesitzer in John Cleeses legendärer Fernsehreihe *Fawlty Towers*. Regisseur Cleese versichert noch heute in jedem Interview, er habe mit Basil den derben, platten Humor seiner Landsleute karikieren wollen, aber er redet längst auf verlorenem Posten: Basil ist das Gegenteil von einer Karikatur, vielmehr ist er ein Vorbild für viele Engländer. Deutsche Touristen begrüßt Basil im Stechschritt, die Hand über die Oberlippe gelegt, Hitlers Schnauzer imitierend.

Der Glaube, dass etliche Engländer deutsche Besucher gerne an den Nationalsozialismus erinnern, hält sich hartnäckig in Deutschland. Und in der Tat ist für viele Engländer das heutige Deutschland noch immer das Land der tollen Autos, imponierenden Fußballer und bösen Nazis. Als das Goethe-Institut in London vierzehn- bis sechzehnjährige Engländer bat, die zehn bekanntesten Deutschen aufzulisten, nannten manche Schüler »Helmet Coal« oder »Hermit Kolle«. Doch selbst als die Jury diese Nominierungen Helmut Kohl zubilligte, landete der Altbundeskanzler unter »ferner liefen«. Den Sprung in die Top Ten schafften sechs Sportler, drei Nazis und Ludwig van Beethoven. Klarer Sieger und somit berühmtester Deutscher war der Österreicher Adolf Hitler.

Uns Deutschen, die wir dazu erzogen wurden, über den Zweiten Weltkrieg allenfalls mit viel Vorsicht und Taktgefühl zu reden, fällt es nicht leicht, angemessen zu reagieren, wenn wieder einmal ein Londoner vor uns John Cleeses Helden Basil zitiert: »*You're German? Psst, don't mention the war!*« So viel Überwindung es uns auch kosten mag, es wird von uns dann ein flotter Spruch erwartet oder zumindest ein anerkennendes Lachen. Denn noch nie hat ein Engländer mir gegenüber den Krieg erwähnt, um mich zu beschimpfen, aber Dutzende Male in der Absicht, witzig zu sein. Als ich einmal den Middlesbrough Football Club besuchte, um dort den deutschen Nationalspieler Christian Ziege zu interviewen, begrüßte mich Zieges Teamkollege, der unvergleichliche Paul Gascoigne mit den Worten: »Noch ein Deutscher? Muss ich schon wieder über den verdammten Krieg reden?«

Selbstredend ist englischer Humor genauso oft überaus feinsinnig, unnachahmlich trocken, sogar in äußerst ernsten Situationen. Stundenlang verhörten englische Soldaten nach dem Irak-Krieg den ehemaligen Direktor der irakischen Kommission für Atomenergie, Faiz Al Berkdar, zum angeblichen Verbleib irakischer Atomwaffen. Al Berkdar versicherte jedoch hartnäckig, diese Waffen existierten nicht. Schließlich fragte einer der Briten, zu einem Zeitpunkt, als Amerikanern oder Russen vermutlich der Kragen geplatzt wäre: *»So, are you suggesting that we should go home again, Mister Al Berkdar?«*

Andererseits halte ich es, ehrlich gesagt, für durchaus nachvollziehbar, dass Engländer oft die derbsten und eigenartigsten Sachen für einen Spaß halten – etwa bei der Aufnahme von Gruppenfotos heimlich das Geschlecht aus der Hose hängen zu lassen. Wer im Alltag so sehr seine Emotionen kontrolliert, muss die Luft manchmal mit einem Knall rauslassen.

Schon als Kind werden uns grundsätzlich konträre Werte anerzogen: In den USA, in Deutschland oder Italien ist wichtig, dass sich das Kind als etwas *Besonderes* fühlt. Seine Kreativität, seine *ganz besonderen* Neigungen sollen sich bestmöglich entfalten. In England wird Kindern beigebracht, sich *bloß nicht* besser zu fühlen als andere, sich vor allem nicht so zu benehmen, als hielte man sich für etwas Besseres. Die Londoner Schriftstellerin Zoe Heller, die nun in New York lebt, berichtete einmal in ihrer Kolumne im *Daily Telegraph* über die täglichen Kulturschocks, denen sie mit ihrer kleinen Tochter in den USA ausgesetzt ist.

Sie war gerade auf einem Kindergeburtstag auf der Bowlingbahn und registrierte verwundert, wie ein Kind nach dem anderen die Kugel in die Vollen knallte. Dann bemerkte sie, dass die Eltern des Geburtstagskindes die Bahn so mit Schaumstoffmatten an den Wänden eingeengt hatten, dass jede Kugel in die Kegel rollen *musste*. *»It's so great«*, sagte eine der Mütter zu Heller, »auf diese Weise sind sie alle Gewinner.« Heller atmete tief durch: »Es erschien mir so schmierig, so ungehörig. Schädlich für einen angemessenen Sinn für Bescheidenheit… Meine englische Überzeugung sagte mir, dass übertriebenes Lob Kinder weich macht, dass zu viel Beifall sie schlecht auf das raue, harte Leben vorbereitet.«

Zwar beschlichen sie später Zweifel, ob die amerikanische Kindererziehung vielleicht doch nicht so verdammenswert sei, ob sie vielleicht sogar die Basis für das immer sonnige, immer optimistische Gemüt sei, mit dem die erwachsenen Amerikaner so viel Erfolg haben. Doch ihre britische Herkunft wird sie wohl nie ganz verleugnen können: Als ihr wundervoller Roman *Notes on a Scandal* längst für den Booker Prize nominiert war, machte Heller sich immer noch Sorgen, dass das Buch »zu wenig Ironie« enthalte, dass es »zu melodramatisch oder grandios« erscheinen könne.

Weil es aber selbst dem vorbildlichsten Engländer nicht immer gelingt, absolut höflich, absolut selbstverachtend zu sein, wird sich in England permanent für irgendetwas entschuldigt. *Sorry* ist vermutlich das am meisten gebrauchte Wort im Land. Dass sich die Engländer sogar dafür entschuldigen, dass ihnen ein anderer im Gedränge, etwa in der U-Bahn, auf den Fuß tritt, ist zwar Legende, wer es aber nicht glauben mag, probiere es bitte beim nächsten London-Aufenthalt aus. Es stimmt natürlich! (Meine Theorie dazu ist, dass in England jeder Körperkontakt mit Fremden als unhöflich angesehen wird – man berührt sich auch nicht zur Begrüßung, noch nicht einmal per Handschlag – und dass sich derjenige, dem ein anderer auf den Fuß getreten ist, nun mitschuldig fühlt an diesem versehentlichen Körperkontakt.)

Und danach ist es dann furchtbar peinlich. Engländer verfügen über eine unvorstellbare Kapazität, Dinge, Momente oder Verhaltensmuster peinlich zu finden. Wenn sie zum Beispiel einen Ausländer treffen, der darauf beharrt, ihnen die Hand zum Gruß hinzustrecken, oder wenn sie dann doch gegen Bush demonstrieren gehen, obwohl demonstrieren ja eigentlich, eben: peinlich ist. »Vor der Kamera trugen die Demonstranten ein verlegenes Grinsen zur Schau, als wollten sie sagen: *Ich bin gar nicht hier*«, notierte Lawrence Norfolk. Ich saß einmal im Flugzeug nach London, und als wir die Stadt unter uns bereits sehen konnten, bemerkte mein Sitznachbar, was für ein schöner Tag es sei. Wir redeten ein paar Momente engagiert über das Wetter, aber als ich ihm gestand, es sei jedes Mal ein emotionaler Moment für mich, nach London heimzukommen, verstummte er abrupt und wandte sich von mir ab. Er hatte offensichtlich Angst, dass ich weiter von meinen Gefühlen reden würde.

Oh, it was sooo embarrassing! – Sooo peinlich war es. Man hört dies ständig, besonders von Frauen, die sich für diesen Satz sogar eine eigene, extrem hohe Tonlage zugelegt haben, die meiner Ansicht nach vor allem eines ist: ziemlich peinlich.

Ich habe mit Vicki Oyston nie sprechen können und doch hat mich die Erfahrung mit ihr (beziehungsweise mit ihrer Sekretärin) geprägt oder besser gesagt: traumatisiert. Ich traue niemanden mehr, der mich vertröstet, und sei es noch so freundlich – erst recht nicht, wenn es besonders freundlich geschieht.

Unlängst rief ich meinen Freund Ian an. Eine englische Bekannte, die bei ihm zu Besuch war und mich nicht kannte, nahm ab.

»Ian ist nicht zu Hause«, sagte sie, »kann ich irgendetwas ausrichten?«

»Ja, sage ihm doch bitte einfach, dass Ronnie angerufen hat.«

»Wer? Ronnie?«

»Genau.«

»Oh, Ronnie, gerade kommt Ian zur Tür rein, ich gebe ihn dir.«

Ich war mir hundertprozentig sicher, dass sich Ian von seiner Bekannten hatte verleugnen lassen und erst hören wollte, wer am Telefon war. Am Abend, als wir in einem Café zusammensaßen, sagte ich es den beiden geradeheraus.

»Ihr seid sooo englisch: sich am Telefon erst einmal verleugnen lassen, denn es könnte ja ein unangenehmer Anruf sein!«

Sie stritten es ab. Ian sei wirklich zufällig in jenem Moment nach Hause gekommen. Nun steigerte ich mich erst recht in meine Theorie hinein. Eine halbe Stunde später jedoch musste ich einsehen, dass sie die Wahrheit gesagt hatten, und dass manche Leute tatsächlich genau dann zur Tür reinkommen können, wenn jemand für sie am Telefon ist, und dass damit meine mit Vehemenz vorgetragene Verschwörungstheorie – nun ja – ziemlich peinlich gewesen war.

Ich habe aus dem Dschungel der formalen englischen Umgangsformen nie mehr herausgefunden. Ständig frage ich mich: *Was meint er wirklich?*, wenn jemand unverbindlich nett zu mir ist. Unbewusst bin ich nach fünf Jahren in London schon genauso geworden wie alle anderen dort, auf den ersten Blick höflicher, auf den zweiten konfrontationsscheu.

Als ich einmal auf Lesereise in Deutschland war, um meinen Roman *Mein Leben als Engländer* vorzustellen, kamen drei meiner Freunde zu einer Lesung. Ich sagte zu dem Veranstalter, der den Eintritt kassierte: »Für meine Freunde zahle ich.« Natürlich hatte ich nicht wirklich vor zu zahlen. Es war vielmehr ein klassischer Fall englischer Höflichkeit: Es wäre zu brüsk – und auch zu peinlich – gewesen, den Buchhändler direkt zu fragen: »Kann ich meine Freunde umsonst mit reinnehmen?« So aber hatte ich ihm die wunderbare Vorlage geliefert, um zu sagen: »Ach nein, Ihre Freunde müssen doch nicht bezahlen!«

Er sagte: »Okay. Macht fünfzehn Euro.«

Londoner I:
Tony Hawks

Tony Hawks auf der Suche nach der Great Tower Street Nr. 1:

Humor ist eine ernste Sache in London. Vielen Leuten gefällt die Vorstellung, dass sie der lustigste Kerl des Universums sind. Es kann ziemlich ermüdend sein, wenn du Leute triffst, die glauben, sie müssten die ganze Zeit spaßig sein oder, noch schlimmer, die von dir erwarten, dass du permanent Witze reißt. Ich habe mir einen witzigen Spruch zurechtgelegt; den bringe ich immer dann an, wenn sich wieder jemand darüber beschwert, dass ich ja gar nicht so lustig sei wie meine Bücher. »Entschuldigen Sie«, sage ich dann, »ich bin aus Rücksicht Ihnen gegenüber heute so ernst. Denn wenn ich zu lustig werde, muss ich Ihnen das in Rechnung stellen.« Weil ich mit Spaßmachen ja mein Geld verdiene.

Ich sehe mich selbst als Entertainer im altmodischen Sinne des Begriffs: Ich unterhalte Leute. Ich bringe sie zum Lachen, ob das nun bei Firmenfeiern ist, wie heute hier in der Great Tower Street – wir müssen übrigens mal auf die Straßenschilder schauen, ich weiß gar nicht ob wir richtig gehen –, ob das in Comedy Shows im Radio und Fernsehen ist oder eben in meinen Büchern. Die einzige Konstante in meiner Arbeit ist, dass ich Leute zum Lachen bringen will. Wie ein altmodischer

Clown, ein Hofnarr. Die meisten Leute kennen mich als Autor, fast 700 000 Exemplare habe ich von meinen drei Büchern mittlerweile weltweit verkauft, die Zahl erstaunt mich immer noch. Allein das erste Buch, *Mit dem Kühlschrank durch Irland*, verkaufte mehr als eine halbe Million. Aber ich glaube, um mich Schriftsteller zu nennen, müsste ich mit mehr Begeisterung schreiben als ich es tue. Ein echter Schriftsteller schreibt einfach mehr als ich. Es ist jetzt über ein Jahr her, dass ich mein letztes Buch geschrieben habe, und ich würde gerne mindestens noch weitere sechs Monate nicht an das nächste Buch denken müssen. Es ist nicht das Schreiben an sich, das mich quält. Es ist einfach die Disziplin, die du brauchst. Wenn du an einem Buch schreibst, musst du morgens aufstehen und fit sein. Dafür jedoch betrinke ich mich zu gerne am Abend zuvor.

Ich wollte ja nie Schriftsteller werden. Ich bin in die Sache mit den Büchern eher so reingeschlittert, als ich beschwipst auf einer Fete die Hundert-Pfund-Wette einging, ich könnte mit einem Kühlschrank unterm Arm per Autostopp rund um ganz Irland reisen. Als mich meine Freunde dann nicht mehr aus der Wette herausließen, dachte ich, die Idee ist so bizarr, mach es und schreib ein Buch darüber. Und so ging es weiter: Jahre später saß ich mit einem Freund vor dem Fernseher und sah das Fußball-Länderspiel England gegen Moldawien, die Moldawier waren so schlecht, dass ich sagte: »Da bin ich noch ein besserer Sportler.« – »Bist du nicht.« – »Wetten doch. Ich würde jeden Einzelnen von denen im Tennis schlagen.« Und der Rest ist Geschichte.

Byward Street heißt diese Straße. Keine Ahnung, ob wir richtig sind. Aber lass uns mal weitergehen. Das ist eine großartige Sache in London: Jeden Tag findest du neue Orte. Ich lebe jetzt seit fast zwanzig Jahren hier, aber in dieser Gegend war ich noch nie – wie du merkst. Und all die Sachen, die du in London machen kannst, die Auswahl, die du hast. Die Theater, an denen du vorbeigehst und dir denkst, da könnte ich mal reingehen; letztens bin ich an einer Tanzschule vorbeigekommen und dachte: Einen Tanzkurs zu machen – das wäre mal was. Und natürlich unternimmst du, wenn du in London wohnst, gar nichts von all diesen Dingen. Aber mir gefällt der Gedanke: Ich könnte das alles machen.

Ihre Größe macht die Stadt einerseits so stressig, anderseits stellt sie einen der Reize Londons dar: Hier kannst du Mist bauen, ohne dass es die Welt mitkriegt. Hier kannst du viele, viele Frauen haben, ohne dass eine von der anderen weiß. Was meinst du – ob ich jetzt die richtige Frau gefunden habe? Du glaubst schon, weil ich in der Autorenzeile in *Mit dem Kühlschrank durch Irland* geschrieben habe: »Tony Hawks ist unverheiratet und mag Frauen«? In meinem zweiten Buch *Matchball in Moldawien* habe ich den Spaß wieder aufgenommen und geschrieben: »Anders als die meisten Schriftsteller hat Tony Hawks es nicht geschafft, in Ruhe und Zufriedenheit mit einer Frau und vier Kindern auf dem Land zu wohnen. Dies allerdings bleibt sein Ziel.« Bis jetzt haben diese doch recht unverblümten Lockrufe leider nicht gefruchtet. Man kann sagen, dass ich immer noch dabei bin, Vorstellungsgespräche mit Frauen zu führen. Es waren auch schon viele Frauen zu den Vorstellungsgesprächen da, so ist es nicht.

Was nicht stimmt mit den Londoner Frauen? Ich denke, du solltest besser fragen: Was stimmt nicht mit mir?! Nein, ich denke – oh, schau, hier ist die Great Tower Street, jetzt müssen wir nur noch Nummer 1 finden. Nummer 1. Was ich sagen wollte, ist, dass die Frauen normalerweise nach London kommen, um hier Karriere zu machen. Meist ist es dann für alle Beteiligten zu verwirrend, das alles unter einen Hut zu bringen: Karriere, Spaß und die tickende biologische Uhr. London ist ein merkwürdiger Ort in dieser Beziehung: Die Leute kommen mit zwanzig hierher und arbeiten die nächsten zwanzig Jahre volle Pulle – viele mit dem einzigen Ziel, genug Geld für ein Haus oder ein Anwesen auf dem Land zu verdienen. Mit Mitte vierzig ziehen sie dann raus aus der

Stadt, ziehen ihre Kinder groß und wenn die dann zwanzig sind, machen sie dasselbe: ziehen nach London, arbeiten volle Pulle, und so weiter.

Ich bin in Brighton aufgewachsen, manche nennen es auch London am Meer, weil mittlerweile so viele Londoner Pendler dort wohnen. Aber es sind fünfzig Meilen in die Hauptstadt. Ich erinnere mich noch, wie es zu meiner Kindheit war: Da war London diese Stadt, die ständig im Fernsehen war, aus der alle Nachrichten kamen, in der alles zu passieren schien. Das Parlament, Buckingham Palace, Old Bailey's. Und du darfst nicht vergessen, dass damals, Ende der Sechziger, Anfang der Siebziger, das Empire noch nicht so lange zurücklag. Die ganzen Vertretungen am Trafalgar Square – Canada House, Australia House, South Africa House – sahen wir jeden Abend im Fernsehen, und man dachte, unglaublich, von London aus regieren diese Männer mit Bowler-Hüten die halbe Welt.

Ich hatte nie den brennenden Ehrgeiz, unbedingt nach London zu ziehen. Es war eher eine unbewusste Selbstverständlichkeit: Wenn du es schaffen willst, musst du nach London. Mitte der achtziger Jahre entstand hier eine neue Comedy-Bewegung, deren Teil ich wurde. Bis dahin kamen Comedians eher aus der Welt des Theaters. Das waren Kabarettisten, die sich der Mittel des Schauspiels bedienten, die tanzten und sangen. Plötzlich aber waren Leute wie Monty Python da, Leute von den Universitäten, die Comedy eher als eine intellektuelle Sache betrachteten und auf humorvolle Art ihre Botschaften, teilweise auch recht radikale politische Ansichten, verkaufen wollten. Die Hinterzimmer der Pubs waren unsere Bühne. Heute ist London die Comedy-Hauptstadt der Welt. Was damals in heruntergekommenen Pubs begann, ist heute Volksvergnügen zur Hauptsendezeit, mit Stars wie Ali G oder Sendungen wie *Have I got news for you.*

Hier ist Nummer 3 Great Tower Street, dann muss die Nummer 1 doch in der Nähe sein. Ich werde den Sicherheitsmann fragen: Entschuldigung, wir suchen Nummer 1

Great Tower Street, können Sie uns helfen? Nein? Sie sind keine Nummer 1, was? Okay, kein Problem, wir sehen weiter.

Natürlich weiß hier niemand irgendetwas, denn all diese Leute, die hier arbeiten, sind ja nicht aus London. Niemand in London ist aus London. Kurioserweise fühlen sich aber die meisten sofort als Londoner, sobald sie hier leben. Das zeigt, dass diese Stadt etwas haben muss. Die Leute müssen viel Spaß hier haben, sonst würden sie nicht mit solchem Stolz über London reden, über ihr London oder, besser gesagt, über ihren Teil Londons. London bedeutet zwei Sachen: eine große Metropole – und 150 verschiedene Dörfer. Die Leute sagen: *I am from London,* wenn sie einen Auswärtigen treffen. Und wenn sie einen anderen Londoner treffen, heißt es sofort: »Was, du bist aus dem gottverdammten Chelsea?! *I am from Fulham, man!*«

Wenn du Geld hast, ist es die beste Stadt der Welt. Wenn du keines hast, ist es die schlimmste Stadt der Welt. Alles kostet so viel. Nur dich irgendwohin zu setzen, kostet schon ein Vermögen. Humor hilft, den ganzen Stress zu bewältigen. Es hat allerdings eine gewisse Ironie, dass ich ja durchaus versucht habe, ernste Sachen zu machen – und nur mit Spaß Erfolg hatte. Ich wollte Musikschreiber werden. Drei Musicals habe ich komponiert, keines wurde aufgeführt. Als ich jedoch mit Freunden als *Morris Minor And The Majors* auftrat und ein Quatschlied, einen Comedy-Song, aufnahm, landete das Lied auf Platz vier in der britischen Hitparade und auf Platz eins in Australien. Es heißt *Stutter Rap* und erzählt von den Versuchen eines Stotterers, ein Rapper zu werden.

Nun muss ich mich aber darauf konzentrieren, die Nummer 1 zu finden, sonst wird das nichts mehr. Noch Fragen?

Ob man Humor braucht, um in London zu überleben? Oh ja, absolut. Du würdest in London nicht zurechtkommen ohne Humor. Die, die keinen Humor haben, kriegen entweder einen Kollaps oder ziehen weg nach Barcelona.

Laub auf den Schienen

Rein statistisch gesehen leistet die Londoner U-Bahn Groß-artiges: Sie transportiert drei Millionen Passagiere täglich auf einem Streckennetz von 405 Kilometern. Dazu sind allein auf der Piccadilly Line oft bis zu 70 Züge gleichzeitig unterwegs – von denen dann, rein statistisch gesehen, alle 16 Minuten einer unvorhergesehen stecken bleibt, sich verspätet, nicht mehr weiter kann, ausfällt. Spätestens an diesem Punkt ist es an der Zeit, Besucher in London sanft darauf hinzuweisen, dass in all den interessanten Statistiken, die im sehenswerten *London Transport Museum* am Covent Garden Market aushän-gen, ein entscheidender Wert fehlt: die emotionale Variable. Jeder Londoner hat sich schon mindestens einmal im Leben über die *tube* aufgeregt.

Ich gehörte zu den Londonern, die diese Statistik maßlos in die Höhe treiben. Ich regte mich mindestens einmal am Tag auf, wenn ich die Londoner U-Bahn benutzte, und sie liefert mir jedes Mal wieder einen anderen Grund: Signalfehler. Ein verdächtiges Paket am Bahnsteig in Wood Green. Der Fahrer umgekippt, weil ihm der Beifahrer in den unappetitlichsten Einzelheiten von seiner Prostata-Operation berichtet hat.

Der Fahrer weiß auch nicht, warum es nicht weiter geht. Laub auf den Schienen. Zugegeben, Letzteres habe ich persönlich nie erlebt, aber ein Freund hat mir erzählt, dass ein Freund von einem Freund von ihm im vergangenen Herbst auf der oberirdischen District Line zwanzig Minuten festgesteckt hat, weil vor ihnen ein Zug auf nassem Laub ausgerutscht und zum Stillstand gekommen war. Ich sah keinen Grund, an der Geschichte zu zweifeln.

Die älteste U-Bahn der Welt ist ein uraltes Ärgernis für alle, die sie regelmäßig und jedes Mal wieder mit der Illusion benutzen, zuverlässig und pünktlich dorthin zu kommen, wo man hin will. Bereits bevor am 9. Januar 1863 die Metropolitan Line zwischen Paddington und Farringdon zum ersten Mal auf Fahrt ging, ahnten die Londoner, dass die Untergrund-Bahn von ganz unten kommen würde: *A train from hell*, vermutete die lokale Presse und versprach den Fahrgästen »eine Reise in Wagons bevölkert von Ratten, durchnässt von Kloake«. Solche Prophezeiungen erwiesen sich zwar schnell als der übliche voreilige Kulturpessimismus gegenüber allem Neuen. Trotzdem hat es die *tube* in nunmehr 141 Jahren noch nicht geschafft, die Liebe der Londoner zu erobern.

Nur der amerikanische Bestseller-Autor Bill Bryson, der in seinem Buch *Notes from a small island* eine Kunst daraus machte, die Engländer zu beobachten, schrieb: »Ich mag die Londoner *tube*. Vor allem weil du, wenn du mit ihr fährst, nicht sehen musst, was obendrüber ist.« Der Müßiggänger Bryson ist vermutlich nie in Zeitnot zu einem wichtigen Treffen unterwegs gewesen, denn in so einem Moment...

... bleibt man garantiert eine halbe Stunde im Tunnel stecken, das Licht fällt aus, es herrschen vierzig Grad im chronisch überfüllten Wagon, der kräftige und noch kräftiger schwitzende Rocker musste sich natürlich genau neben einen stellen und versaut von außen den frisch gereinigten Anzug, den man selbst von innen nass schwitzt, und dann, endlich... geht es noch längst nicht weiter, aber kommt zumindest über Lautsprecher die Erklärung des Beifahrers: »Es tut mir schrecklich Leid wegen der Verzögerung. Der Fahrer hat gerade einen Kreislaufkollaps erlitten.« Dass er daran mit dem schaurigen Bericht von seiner Prostata-Operation selbst schuld war, erfährt man aber erst am nächsten Tag aus der Lokalzeitung.

Umso erstaunlicher, um nicht zu sagen irritierender, ist die Begeisterung der Touristen für die *tube* und die Busse Londons. Sie laufen in T-Shirts herum, mit dem roten Underground-Symbol auf der Brust und der Aufschrift darüber: *Mind the gap*, dem in jeder Station, bei jedem einfahrenden Zug wiederholten Lautsprecherhinweis, beim Einsteigen auf die Lücke zwischen Bahnsteig und Zugtür zu achten. Sie schicken Ansichtskarten mit dem U-Bahn-Plan nach Hause. Und im schlimmsten Fall sagen sie: »Ich möchte mal mit einem roten Doppeldeckerbus fahren.«

Meistens haben sie sich sogar schon die Routen ausgesucht, mit dem 19er von der Battersea Bridge zum Finsbury Park oder mit dem 11er vom Fulham Broadway bis zur Liverpool Street, weil in deutschen Reisemagazinen solche Busfahrten immer als originelle und zugleich billigste Stadterkundungen angepriesen werden. (Und, machen wir uns nichts vor, ich habe viel Geld damit verdient, solche Touren in Artikeln für deutsche Reisemagazine anzupreisen, ohne auf die Schmerzen hinzuweisen, die damit verbunden sind.) Die Qualen musste ich dann selber leiden, wenn wieder einmal Besuch kam, ein Reisemagazin in der Hand: »Deine Geschichte über die Busfahrten hat uns neugierig gemacht.« Da konnte ich mich schlecht weigern.

Also bin ich mitgefahren – beziehungsweise im Stau gestanden.

»Geht das hier immer so langsam?«

»Ja.«

»Also, ehrlich gesagt, in deiner Reportage hat sich das nach einer tollen Idee angehört, aber...«

»Ja.«

»Wir werden ja sogar von Fußgängern überholt!«

»Ja.«

Der verdammte 19er zum Beispiel braucht, wenn die Straßen halbwegs frei sind, für seine Stadtdurchquerung von der Battersea Bridge in Chelsea bis zur Endstation am Finsbury Park im Norden 45 Minuten. Bloß sind die Straßen in London nie halbwegs frei. So saßen wir meist drei Stunden im Bus. Nachts wäre es besser gewesen, die Nachtbusse jagen mit atemberaubender Geschwindigkeit durch die Stadt. Man merkt den Fahrern an, wie sie endlich ihren im Tagesverkehr aufgestauten Frust über das Gaspedal loswerden. Aber nachts um vier wollte noch keiner meiner Besuche auf Stadtrundfahrt gehen.

Allerdings hat sich, zumindest was den Straßenverkehr angeht, in der letzten Zeit einiges getan. Im Februar 2003 führte Bürgermeister Ken Livingstone eine Maut von fünf Pfund für Autofahrten in die Innenstadt zwischen 7.00 und 18.30 Uhr ein, die *Congestion Charge*. Und ein Wunder geschah: Die Autos in London können wieder fahren, nicht nur stehen! Selten hat Politik einen so direkten, so greifbaren Effekt auf das Leben seiner Bürger gehabt wie die Einführung der *Verstopfungsgebühr*, und Livingstone ist lautstark zu beklatschen für seinen Mut und seine Hartnäckigkeit, die zunächst unpopuläre Maßnahme gegen alle Widerstände durchzuführen. 115 000 Autos weniger fahren ein Jahr später in die Innenstadt, das heißt der Verkehr hat sich durch die Maut um mehr als dreißig Prozent verringert, die Durchschnittsgeschwindigkeit stieg enorm. Vorher war das Tempo wieder auf dem Stand von 1910 angekommen, als noch Pferdekutschen durch London fuhren: 16 km / h. Jetzt fahren die Autos immerhin so schnell wie flotte Radfahrer, 32 km / h.

Auch sollten Besucher, die nach dem Studium gewisser deutscher Reisemagazine glauben, es sei ein Spaß, Doppeldeckerbus zu fahren, bedenken, dass die Verstopfungsgebühr nur für eine 21 Quadratkilometer große Zone gilt. Das sind gerade mal 2,2 Prozent des Stadtgebiets. Außerhalb dieser Zone wird weiter im ewigen Stau gestanden.

Damit soll jedoch Livingstones Erfolg in keiner Weise geschmälert werden – zumal es der Bürgermeister, der selber täglich mit der U-Bahn zur Arbeit fährt und die Verbesserung des öffentlichen Verkehrs zu seiner Besessenheit gemacht hat, nicht bei der Verstopfungsgebühr belassen hat. Er hat die Buspreise vereinheitlicht und sogar in manchen Bereichen verbilligt, er hat etliche neue, kurze Buslinien eingeführt, die folglich weniger Verspätung ansammeln. Sie lassen zumindest erahnen, was Pünktlichkeit sein könnte. Auf die Idee, es könnte sich lohnen, die Abfahrtszeiten der Busse zu studieren, braucht deswegen noch lange keiner zu kommen. Eine Londoner Weisheit, die an den Bushaltestellen von Generation zu Generation weitergegeben wird, besagt: Erst kommt eine halbe Stunde gar keiner, dann kommen vier auf einmal.

Die Stadt will nie stillstehen, das macht ihre Schönheit aus, aber eine wirkliche Modernisierung des öffentlichen Verkehrssystems unmöglich. Im Prinzip müssten ganze U-Bahn-Strecken wie etwa die heillos veraltete Northern Line von Grund auf renoviert werden. Stattdessen werden nachts zwischen 1.00 Uhr und 5.30 Uhr, wenn die *tube* ruht, provisorisch Gleise geflickt oder Tunnels abgedichtet. Stückchen für Stückchen wird nachgebessert und modernisiert und dabei immer darauf geachtet, den Verkehr, die ewige Bewegung Londons, so wenig wie möglich zu stören.

So existieren Traditionelles und Modernes, Ehrwürdiges und Futuristisches im Londoner Verkehr auf kuriose Weise nebeneinander: Man sieht kleine *Cityhopper*, die in absehbarer Zukunft sogar mit Wasserstoff fahren sollen, neben dem traditionellen *Routemaster*, dem Wahrzeichen der Stadt mit doppeltem Deck und auf manchen Strecken, etwa der 22 von

Piccadilly zum Putney Common, mit der allzeit offenen Tür zum Aufspringen und mit einem Schaffner, der an einer Leine zieht, um dem Fahrer das Zeichen zur Weiterfahrt zu geben. Die 1987 eingeweihte, von einem Computer, nicht Fahrergesteuerte *Docklands Light Railway* fährt neben der Northern Line, einer fünfzig Jahre alten ungeschminkten, grauen Blechröhre, die so wackelt, dass das Lesen unmöglich ist, und die so riecht, als hätten hier 3000 seit Tagen ungeduschte Passagiere vor kurzem fettige, angebratene Hamburger gegessen (was übrigens durchaus möglich ist). Die Stationen der Jubilee-Line-Erweiterung, die in den 90ern nach dem Vorbild der Hongkonger U-Bahn in gigantischen Ausmaßen gebaut wurden, beeindrucken mit Chrom und Glas, während daneben majestätische, gepflegte, braune Backsteinstationen aus der ersten Hälfte des 20. Jahrhunderts wie Barons Court zu bewundern sind, und gleich alte, aber heruntergekommene dunkle, trostlose Haltestellen wie Latimer Road zu beklagen sind, die einen schnell auf dunkle, trostlose Gedanken bringen – etwa dass man den letzten Zug womöglich um Jahrzehnte verpasst hat.

Doch man arrangiert sich. Darin war London sowieso schon immer vorbildlich. Man steigt in Waterloo von der futuristischen Jubilee Line in die veraltete Northern Line und liest weiter seine Zeitung, auch wenn die U-Bahn jetzt so wackelt, dass man gar nicht mehr lesen kann. Dann starrt man eben in die Zeitung und tut so, als würde man lesen.

Was sie an ihrer U-Bahn haben – *dass* sie etwas an ihrer U-Bahn haben –, wurde den Londonern am 28. August 2003 bewusst. Da fuhr sie nicht mehr. Um 18.20 Uhr, zur *rush hour time*, brach die Zirkulation in den zwei Elektrizitätswerken Wimbledon und New Cross zusammen. Der Stromausfall legte die halbe Stadt lahm. Auf den Straßen, wo die Ampeln nicht mehr funktionierten, stiegen Leute aus ihren Autos aus, um den Verkehr zu regeln – und traten und schlugen wenig später auf die Autos ein, die ihren Anweisungen nicht folgten.

In den Bahnhöfen und in den Tunnels der U-Bahn saßen 250000 Leute fest.

Als schließlich um 19.00 Uhr der Strom wieder floss, blieben die U-Bahnen weiterhin paralysiert. Das städtische Verkehrsamt *Transport for London* hatte damit begonnen die Menschen, die in den Zügen feststeckten, zu evakuieren. Tausende wanderten zu Fuß durch die Tunnel. Die komplette Circle Line und viele Abschnitte anderer Linien konnten erst am nächsten Morgen ihre Fahrt wieder aufnehmen.

»Wie war das?«, fragte ich meinen Freund Kevin am Telefon, denn ich wohnte zu jenem Zeitpunkt schon nicht mehr in London, sondern in Barcelona.

»Ach«, sagte er, »wie immer, wenn etwas Unvorhergesehenes in London geschieht: Die Leute haben es mit dem *Blitz* verglichen« – den Angriffen der deutschen Luftwaffe im Zweiten Weltkrieg.

Aber natürlich: Man arrangierte sich. Der *Guardian* schloss seinen Bericht über den Stromausfall mit den Sätzen: »Viele Pendler fanden sich damit ab, dass sie den Abend in London würden verbringen müssen. Die Pubs rund um die Bahnhöfe waren rammelvoll.«

Wer Schuld an dem Desaster hatte, war für viele schnell klar: die Privatisierung. Auf die lässt sich in England, wann immer es im öffentlichen Transportsystem zu Pannen und Pleiten kommt, leicht mit die Finger zeigen – und leider zu oft zu Recht. Die Londoner U-Bahn war acht Monate vor dem dunklen Abend vom 28. August 2003 gegen den Willen des parteilosen Bürgermeisters Livingstone von der britischen Labour-Regierung teilprivatisiert worden. Im Zuge dessen wurde auch das eigene Elektrizitätswerk der *Transport for London* abgeschaltet; die U-Bahn bezieht ihren Strom seitdem von der privaten Firma *Seeboard Powerlink*, in deren Werk an jenem Abend die Panne auftrat. Es ist ungeklärt, ob der Stromausfall wirklich auf mangelnde Investitionen der privaten Elektrizitätsproduzenten in das Sicherheitssystem zurückgeht oder ein unvorhersehbares Ereignis war, wie es auch im eigenen Werk der *Transport for London* hätte passieren können. Doch seit der Privatisierung der *British Railways* 1996 ist die nationale Eisenbahn so heruntergewirtschaftet worden, dass die Öffentlichkeit in diesem Punkt enorm sensibilisiert ist. Zugunglücke wie das 1999 in Paddington, als 37 Menschen starben, oder das ein Jahr später im Londoner Vorort Hatfield, bei dem vier Menschen das Leben verloren, sind nachweislich darauf zurückzuführen, dass die privaten Firmen, die für die Wartung der Schienen zuständig waren, die Arbeit vernachlässigt hatten, um Geld zu sparen.

Dass Privatisierungen im öffentlichen Verkehr selten dem Standard und Service zuträglich sind, ließ sich in London schon 1863 erkennen: Die erste Untergrund-Bahn der Welt wurde von privaten Gesellschaftern betrieben, die Metropolitan Line von Sir Edward Watkin, die District Line von James Forbes. Der Beschluss eines britischen Parlamentskomitees sah vor, dass sich beide Linien zu einer Circle Line verbinden. Es sollte 21 Jahre dauern, bis die U-Bahn tatsächlich im Kreis fuhr. Statt zusammenzuarbeiten verfielen Watkin und Forbes in einen verbitterten Rivalitätskampf und versuchten, erst einmal ihre eigenen Linien auszubauen, anstatt die beiden kreisförmig zusammenzuschließen. Sie wollten zunächst ihre eigenen Unternehmen stärken, nicht zuletzt weil sich die U-Bahn damals, in den 1870er Jahren, einer harten Konkurrenz gegenübersah. Die Pferde-Bahn, eine von Pferden gezogene Trambahn, erfuhr in London großen Zuspruch. Anders als der U-Bahn gelang es der Pferde-Bahn damals, die Ticketpreise stark zu reduzieren, denn das Pferdefutter war dank Großbritanniens Kornimporten aus den Kolonien deutlich billiger geworden.

Doch der Abend des 28. August 2003 ohne Strom und U-Bahn-Verkehr verbreitete nicht nur Angst. Er lehrte mich auch Demut: Es wurde mir besser bewusst, was für ein gigantisches Unternehmen die Londoner *tube* ist, wie hilflos eine riesige Stadt ist, wenn dieses System zusammenbricht, das ich immer so leichtfertig verspottet hatte. Und aus diesem neuen Blickwinkel erkannte ich auf einmal lauter raffinierte Details, die dafür sorgen, dass täglich drei Millionen Passagiere, wenngleich sehr oft mit Verspätung, an ihr jeweiliges Ziel gelangen. Wie fein abgestimmt musste die Technik sein, wenn auf einer Strecke im Neunzig-Sekunden-Takt siebzig Züge gleichzeitig unterwegs waren, ohne dass einer stockte. Wie geschickt musste die Masse der Leute, beim Umsteigen von Schildern und Pfeilen so durch die Gänge gelenkt werden, dass diese niemals mit den Passagieren aus der anderen Richtung zusammenstießen. Wie durchdacht war es, dass sich die Fahrstühle an der einen Seite zum Aussteigen öffneten und kurz darauf an der anderen für die, die einsteigen wollten.

Geläutert fuhr ich eines Tages mit der District Line aus der Innenstadt zurück nach Fulham und las den *Evening Standard*. Die Bahn wackelte auch gar nicht so stark; wenn man sich Mühe gab, konnte man durchaus lesen. Wie fast jeden Tag brachte der *Standard*, die Londoner Lokalzeitung, deren größtes Klientel vermutlich *tube*- und Bus-Fahrgäste sind, auch einen Bericht mit dem Neuesten vom Stadtverkehr. »Neue Zug-Fahrpläne, um die Pünktlichkeit zu erhöhen« war die Überschrift. Und ich las: Viele Fahrpläne für die Pendlerzüge aus Südwest-England wurden geändert, genauer gesagt, die angegebene Fahrtzeit umfasste einfach grundsätzlich fünf Minuten mehr, damit die Züge nun, im Herbst, langsamer fahren konnten – aufgrund des gefährlichen Laubs auf den Schienen.

Jungs in der City

In der Mittagspause zwingt er sich, den Umweg zu gehen. Vom vierzigstöckigen Hochhaus der Hongkong and Shanghai Banking Coperation führt ein Eingang direkt in die Canada Square Shopping Mall, wenn er außen herum geht, sind es 300 Meter mehr, vielleicht auch 400 Meter. Sie bedeuten ihm die Welt. 400 Meter, das sind vielleicht fünf Minuten, mit denen er sich beweisen will, dass er sich noch nicht völlig hat vereinnahmen lassen, dass er noch normal ist. Es sind die einzigen Minuten seines Arbeitstags, an denen er an der frischen Luft ist.

Er ist stolz auf diese fünf Minuten, die er sich leistet; sie sind eine echte Errungenschaft. Er erinnert sich an einen Moment – er kann nicht sagen, wann es war, denn es ist ihm mehrmals passiert: In dem Großraumbüro, in dem er arbeitet, hatte jemand das Radio angeschaltet, es war schon nach vier Uhr nachmittags, die hektischste Phase des Tages vorüber, und die Radiosprecherin sagte, ein schöner, heißer Nachmittag in London. Und Peter Coulter dachte: Was?! Er sah zum ersten Mal an jenem Tag zum Fenster hinaus. Es ist ein schöner Ausblick von dort oben, die endlose, flache Stadt so weit das Auge reicht, und er sah, was für ein Leben er führte.

Er ist zum *Assistant Chief Executive* bei der Hongkong Shanghai Bank aufgestiegen, stellvertretender Leiter einer Abteilung mit siebzig Mitarbeitern. Sie stellen Investmentfonds im Bereich *Grundbesitz und Infrastrukturen* zusammen, vergangenes Jahr haben sie fünfzig Millionen Euro Gewinn erwirtschaftet. Das sind die Zahlen, die den Leuten hier einen Kick geben. Er schickt seiner Schwester, die zu Hause in Belfast mit einem protestantischen Priester verheiratet ist und keine Arbeit hat, regelmäßig Geld. »Schuldgefühle«, sagt er, »niemand redet darüber, aber ich glaube, die meisten hier in der City haben welche.« Weil sie ihre Familie vor lauter Arbeit kaum sehen, weil die Gesellschaft ihnen einreden will, es sei unmoralisch so viel zu verdienen und auf diese Weise, weil sie sich schöne Dinge für ihr Geld leisten. Er ist 33 und er kann über sein Leben reden, als spreche er über eine fremde Person, so kritisch, distanziert. In der Bank, wo er täglich von 8.30 bis 20.00 Uhr arbeitet, bemerkt niemand die Selbstzweifel. Er selbst denkt bei der Arbeit nicht daran. Wenn er erst einmal drinsteckt, überfällt ihn der Kitzel noch immer, das Wissen, über Millionen zu entscheiden, das Gefühl, die Welt zu bewegen. Es sind bloß fünf Minuten, 400 Meter am Mittag.

Wir legen die letzten der 400 Meter gemeinsam zurück, wir schwatzen, fast aufgeregt, etwas zu bemüht, wir haben uns lange nicht gesehen, drei Jahre wohl, sagt Pete. Für Außenstehende gehören wir zweifellos zusammen, und doch könnten wir kaum weiter voneinander entfernt sein als in diesem Moment. Ich bin überwältigt, umgeben von all den mächtigen Banktürmen der Canary Wharf, verloren im Strom der Menschen, die meisten in dunklen, konservativen Anzügen, die meisten in Eile, die Mittagspause ist nicht lang. Pete dagegen wirkt groß und stark. Denn er gehört dazu.

Sie ist ein eigenes Universum, der größte Finanzmarkt Europas, neben Tokio und New York der wichtigste der Welt, *The City of London*. Sie allein erwirtschaftete 20 Prozent des britischen Bruttosozialprodukts. Fast 600 Banken sind hier, darunter 540 ausländische, mehr als doppelt so viele wie in New York, um über Frankfurt zu reden, haben sie sich ein müdes Lächeln antrainiert. Mehr als 300 000 Leute arbeiten zu Boom-Zeiten in der City. Sie ist aus sich selbst herausgewachsen. Die Leute« sagen noch immer: »*I work in the City*«, dabei arbeitet gut die Hälfte von ihnen in den Docklands, dem ehemaligen Hafengebiet rund um die Canary Wharf, das in den Achtzigern unter Premierministerin Margaret Thatcher zu einem gigantischen Zentrum des Kapitalismus umgebaut wurde. Streng geographisch genommen ist die City nur jener kleine historische Kern Londons zwischen Tower Hill und Temple Bar.

Außenstehenden offenbart sie ihren Geist am besten sonntags. Dann ist die City leer, nur 6000 Menschen leben hier. Einsam zwischen den hohen Bankenschluchten spüre ich, wie sehr sich diese Welt Nichtdazugehörigen verschließt; Freitag Mittag dagegen, allein unter Tausenden, fühle ich, welchen *buzz*, welches Summen und Brummen es in einem hervorrufen muss, Teil dieses Planeten zu sein. Er dreht sich um vieles schneller als die Erde. Hier werden Millionengewinne per Knopfdruck realisiert, Millionen in Sekundenentscheidungen verloren. Eine deutsche Bekannte, die bei Bankers Trust als Aushilfssekretärin begann, war innerhalb von wenigen Jahren *Assistant Vice President* im Fond-Management, und Freunde, die in einem Jahr 300 000 Euro allein an Bonusgeldern einheimsten, waren binnen eines Monats entlassen. Man gewährte ihnen eine halbe Stunde, um ihren Schreibtisch leer zu räumen. Manchem verschafft die City unglaubliche Macht und gigantischen Reichtum. Sehr vielen verhilft sie zu der Illusion, mächtig und reich zu sein. »Die Leute reden von der Medienbranche, vom Einzelhandel«, sagt Pete und ein Strahlen überzieht sein Gesicht. »Aber die Wahrheit ist: Das Geld wird in der City gemacht. Die City macht London.«

Er studiert Buchhaltung, mit 23 ist er fertig, die Universitätskarriere ist kurz in Großbritannien. Er findet bei KPMG, einer Unternehmensberatung, Anstellung im Rechnungswesen. Er macht Urlaub in Hongkong, er hat das Gefühl, gut zu verdienen, und spätestens dort, in Hongkong, weiß er, was er will. Hongkong zeigt unverhohlen, was für eine Stadt es ist. Der *buzz* des Geldes dröhnt in den Ohren. Die Stadt bläst es einem ins Gesicht: Wie kraftvoll die Finanzwelt ist, welche Herausforderungen, welche Chancen in ihr locken. Mit 26 wird er Analyst bei Charterhouse in der City.

Neben den Brokern, die die Aktien, die Bonds, das Gold oder was auch immer kaufen und verkaufen, sind die Analysten dem Herzen der City am nächsten. Sie spüren den überdrehten Herzschlag am heftigsten. Sie hecheln ihm ständig hinterher. Er bekommt das Spezialgebiet Luft- und Raumfahrttechnik zugeteilt. Es wird nicht erwartet, dass er sich auskennt, bloß, dass er sich schleunigst einarbeitet. Er ist jeden morgen um sieben im Büro, morgens geben die Firmen ihre Nachrichten heraus. British Aerospace gibt bekannt, dass die tschechische Regierung 24 Gripen Supersonic Kampfflugzeuge für 1,7 Milliarden Euro bestellt hat. Es ist nur ein Satz, aber für einen Analysten stecken darin tausend Fragen: Der Gripen-Flieger wird von British Aerospace in Kooperation mit Saab produziert, wie viel verdient Aerospace wirklich an dem Deal? Wie gut ist der Preis, den Tschechien zahlen will? Kann die junge Republik das überhaupt bezahlen? Ist es der erste Auftrag für British Aerospace in dieser Größenordnung in Osteuropa und deshalb vielleicht ein Fuß in der Tür zu einem ganz neuen Markt? Wird die Bestellung etwas Entscheidendes an der grundsätzlichen Lage des Unternehmens ändern? Er muss die Antworten innerhalb von Stunden kennen, je größer das betroffene Unternehmen, je wichtiger die

Nachricht, umso schneller die Antwort. Denn in neun oder zehn anderen Banken sitzt die Konkurrenz und analysiert im selben Moment, welche Auswirkungen die tschechische Bestellung auf den Erfolg, also auf den Aktienkurs von British Aerospace haben könnte. »Für einen Analysten zählt immer nur: heute«, sagt er. »Eine Analyse, die du am nächsten Tag fertig hast, ist wertlos; Zweifel, die du hast, sind nutzlos. Der Aktienmarkt wartet nicht auf dich. Jetzt, hier und heute, musst du deine Empfehlung aussprechen.« Kaufen. Halten. Verkaufen. Im Hinterkopf muss er politische Überlegungen haben. Hält seine Bank in ihren Fonds viele Aktien von British Aerospace, gibt es Stammkunden, die an der Firma beteiligt sind, würde er sich also mit einer Verkaufsempfehlung ins eigene Fleisch schneiden?

Wenn es gut geht, ruft abends seine Schwester aus Belfast an. Sie habe gerade im Fernsehen gesehen, wie er zu dieser Sache mit den Kriegsflugzeugen interviewt wurde, er habe eine gute Figur gemacht. Wenn es gut geht, zitiert die *Financial Times* am nächsten Tag ihn und nicht den Kollegen von der Credit Suisse First Boston. Wenn es gut geht, steigt der Aerospace-Aktienkurs, nachdem er eine Kaufempfehlung ausgesprochen hat. Und aus der *Sales*-Abteilung seiner Bank ruft der Verkäufer an, der die Großkunden berät: Gut gemacht, er habe Aufträge in den Hunderttausenden erhalten, Aerospace-Aktien zu kaufen. »Und dein Ego treibt dich an. Am nächsten Tag willst du wieder ins Fernsehen, du willst besser sein als die von Credit Suisse, du willst…«, er stockt, »immer mehr.«

Wenn es schlecht geht, steht zehn Wochen später in der *Financial Times*, der Kurs von British Aerospace sei eingebrochen, nachdem die tschechische Regierung die Bestellung von 24 Gripen-Kampfflugzeugen widerrufen hätte. Die Einschätzung der Analysten, British Aerospace sei mit dem Deal der Vorstoß auf den osteuropäischen Markt gelungen, habe sich als voreilig erwiesen. Das Fernsehen ruft nicht mehr an, nur noch der Verkäufer aus der *Sales*-Abteilung, der ihn wüst beschimpft, was für ein verdammtes Arschloch er sei, so eine verdammte Scheiße zu empfehlen, tschechischen Scheißdreck, er treibe die gesamte verdammte Kundschaft der Credit Suisse in die Arme. Der Stress tut nichts Gutes für den Umgangston in einer Investmentbank.

Das Summen und Brummen ist immer da. Morgens um sieben erwacht das Großraumbüro der Analysten, nicht langsam, bedächtig, sondern mit einem Knall. Asien meldet schon die ersten Nachrichten. Sie bleiben bis spät in den Abend auf der Überholspur. Die Schnelligkeit, die Hektik, das Gefühl, es passiert was, hier passiert es, Kollegen permanent am Telefon, sie reden laut, um den Lärm im Büro auszublenden und natürlich wird der Lärm nur noch größer, ein Stimmengewirr, das alle vereint in dem Gefühl: Wir gehören zusammen. Wenn es gut läuft – und Ende der Neunziger läuft es besser denn je – ist die Devise: Was kostet die Welt?

Viele *practical jokes* werden unter den Analysten gemacht: Leute bringen kleine Gummitierchen mit, die »Mähmäh!« machen, wenn man auf sie draufdrückt. Und wenn eine Analyse fertig ist, eine Empfehlung ausgesprochen wurde, wenn die *Sales*-Abteilung nochmal anruft, nur um zu sagen, wir verkaufen wie die Schweine, dann drücken sie, vorne bei der Sekretärin, den Knopf der Büro-Lautsprecheranlage und es schreit »Mähmäh!« durch das Büro.

Der Bauch, sagt Pete, ist oft wichtiger als der Kopf. Gerade bei den Brokern, aber im Prinzip auch bei den Analysten, überall dort, wo es auf Schnelligkeit ankommt, auf die Courage, Entscheidungen zu treffen, auch wenn man nicht hundertprozentig von ihnen überzeugt ist. Und hundertprozentig überzeugt wird man in der City nie sein, kann man gar nicht sein. »Die besten Broker sind oft ehemalige Soldaten und Rugbyspieler. Kerle, die den Stress meistern können, die den Ehrgeiz, das Sich-Beweisen-Wollen in sich haben. Intelligente Leute haben nicht die Ausdauer.« *The Barrow Boys* heißen die Broker in der City. Schubkarren-Jungs. Nach den alten Bauern, die ihr Gemüse ins East End karrten und auf der Straße, direkt von der Schubkarre herunter verkauften. Ob Gurken oder Aktien, Karotten oder Dollar, es braucht den Instinkt: Was verkaufe ich wann am besten, was ist ein guter Preis? »Du musst als Broker nicht alles rational verstehen. Du musst mit zwei Stunden Schlaf überleben können.«

Er sieht seinen Kurs bei Charterhouse steigen, mehr Treffer bei den Analysen, mehr Fernsehinterviews, alles scheint immer besser, immer größer zu werden, Ende der Neunziger. Die Luft- und Raumfahrtunternehmen, die er bewerten muss, laden ihn ein, um ihm vorab ihre neusten Produkte zu präsentieren. Sie fragen ihn nach seiner Meinung, sie umgarnen ihn. Sie wissen, wie wichtig seine Einschätzung sein wird. Er ist 27 und erzählt 55-jährigen Managern, ihre Strategie, stark auf den Propellerbau zu setzen, sei falsch. Er kann verstehen, was die 55-Jährigen meinen, wenn sie zu Hause bei ihren Frauen über naseweise 27-jährige Banker klagen, die für einen Tag vorbeikommen und alles besser wissen. Aber er lässt sich nicht beirren. Es fühlt sich stark an, über das Schicksal ganzer Firmen zu richten. Er glaubt, er habe die Sache im Griff. Auf die Idee, dass der Aktienmarkt ihn im Griff hat, kommt er nicht, auch nicht, als er in Urlaub fährt und jeden Tag in der Zeitung nach Luftfahrt-Notizen sucht, die Kurse studiert, Kollegen anruft, Stunden über Boeings Strategie nachdenkt. »Du kannst in Urlaub fahren, aber du kannst niemals vom Geschäft wegkommen. Der Aktienmarkt schläft nie.«

Freitags gehen sie zusammen aus, seine Freunde sind nun fast ausschließlich andere Investmentbanker. Sie gehen in Striptease-Clubs, trinken Champagner, und nachher, wenn sie betrunken genug sind, gehen sie in gewöhnliche Nachtclubs, um Mädchen anzusprechen. Man sieht ihm an, dass er in der City arbeitet. Man erkennt viele von ihnen sofort, auf der Straße, im Nachtklub, gerade die jungen mit ihren erns-

ten, bleichen, abgekämpften Gesichtern, die ihnen im farb-
lichen Zusammenspiel mit den teuren, dunklen Anzügen
eine besondere Aura verleihen. Er trägt einen grauen Anzug,
sein Hemd ist so blau wie seine Augen, die Haare hat er mit
Gel geglättet, sein weiches Gesicht sieht deswegen noch lieber
aus. Es ist wahrscheinlich, dass sich so manches Mädchen auf
der Stelle in ihn verliebt. Samstags bleibt er meistens zu
Hause, der Körper nimmt sich, was er ihm die ganze Woche
verweigert hat: Schlaf, Schlaf, Schlaf. Wenn er in den Spiegel
blickt, sieht er »einen Zombie«.

Wir sitzen bei *Birley's*, gleich am Eingang der Shopping Mall.
Es gibt dort *Salted Beef*, gepökeltes, gekochtes Rindfleisch mit
scharfem Senf im Brötchen, eine alte Ost-Londoner Speziali-
tät. Alles soll es hier unten in der Shopping Mall geben, das
war die Idee. Sandwich-Stände, Pizzabuden, Cafés, Champa-
gner-Läden, Mode-Boutiquen, Reinigungen, einen Friseur,
einen Zahnarzt, direkte Zugänge zu den U-Bahnen und den
Bankentürmen, Bankautomaten. Der Fliesenboden glänzt,
Scheinwerfer strahlen. Die Mall ist eine eigene Stadt, man
bräuchte sie nie verlassen. Nur zwei Dinge fehlen. Richtige
Restaurants, mit Kellnern und schönen Tischen zum Verwei-
len. Und Tageslicht.

Pete nickt, er hat den Mund voll, aber er kaut schneller,
schluckt hastig, um etwas sagen zu können. Man hört seinen
nordirischen Akzent kaum noch heraus:»Die Leute opfern
ihr Leben. Sie lieben ihre Bank. Sie tun alles für sie.« Und die
Banken gaukeln ihnen vor, alles für sie zu tun – Ende der
Neunziger, als die Börse boomt. Die erste Bank eröffnet im
31. Stock ein Fitness-Studio, mit Swimmingpool und Blick
über die Stadt, die anderen ziehen nach. Wer bis 19 Uhr
bleibt, bekommt das Essen in der Kantine umsonst, wer bis
21 Uhr bleibt, die Heimfahrt im Taxi bezahlt. Natürlich sind
die Leute nicht naiv, sie wissen sehr wohl, dass die Banken das
machen, um sie länger am Arbeitsplatz zu halten. Sie gehen

um 19 Uhr in die Kantine, essen viel mehr, als sie vertragen, japanische Nudelsuppe, Thai-Curry, Tiramisu, von 20 bis 21 Uhr telefonieren sie mit ihren Freunden, dann nehmen sie ein Taxi nach Hause.

Und plötzlich gibt es, etwa bei der Credit Suisse First Boston, in der Kantine nur noch Pizza, Hamburger und Pommes frites umsonst, kurz darauf gar nichts mehr. Als die Taxifahrten gestrichen werden, geht schon die Angst um. Die Bullen, Symbol des Börsenaufschwungs, galoppieren nicht mehr. 2001 schlägt der Boom, ausgelöst durch die neuen Technologien wie Internet und Mobiltelefone, in eine dramatische Baisse um.

Wer in der City arbeitet, weiß, dass es schnell gehen kann, alles hier ist Hochgeschwindigkeit, auch die Fahrt nach unten. Merrill Lynch entlässt 16 000 von 70 000 Angestellten, die Credit Suisse First Boston 2000 von 6500 Mitarbeitern in ihrem Londoner Büro, Salomon Smith und Schroders werden zusammengelegt und dabei 4700 von 10 000 Angestellten entlassen. Insgesamt 30 000 Investmentbanker verlieren 2001 in der City ihre Arbeit. Sie denken, die guten Zeiten kämen schon zurück. Doch das Tempo wird nicht gedrosselt. Die Aktienkurse sinken weiter, die Reserven von Banken und Versicherungen schmelzen. Bei manchen Unternehmen und Banken wie der Credit Suisse First Boston gibt es nun fast monatlich *Black Fridays*, Freitage, an denen der Vorstand im siebten Stock tagt und entscheidet, wem gekündigt wird. In den Stockwerken darunter arbeiten die Banker mit halber Aufmerksamkeit, die andere Hälfte konzentriert sich auf das Telefon. Wenn es klingelt, schauen sie verschreckt auf das Display. Die hausinterne Durchwahl vom siebten Stock kennt mittlerweile jeder. Leute in Positionen, die 2001 noch 200 000 Euro Abfindungen bekommen hätten, bekommen 2002 bestenfalls noch 20 000 Euro. Sie reden darüber, als wären es Cent-Beträge. Davor wurden diese Leute in der Regel nach drei, vier Jahren befördert. Nun werden die, die drei, vier Jahre in unteren oder mittleren Positionen gearbeitet hatten, besonders gerne entlassen. So sparen die Banken doppelt ein: die Beförderung und die Stelle gleich mit.

Ende 2003, Anfang 2004 erholt sich der Aktienmarkt nur langsam. Viele sind noch immer ohne Arbeit, besonders Kontinentaleuropäer. Sie bilden zum Großteil die Fußtruppe in der City. Nur den Banken selbst geht es schon wieder gut. Klassische Investmenthäuser wie JP Morgan vermeldeten bereits Anfang 2003 wieder Gewinne. Sie investieren nun vermehrt in Bonds und nichtbörsennotierte Firmen, so haben sie es geschafft, sich ein bisschen unabhängiger von den Launen des Marktes zu machen.

Pete weiß, dass ihm das auch gelingen muss: sich von den Launen des Marktes befreien. Er tut einen ersten Schritt, als er mit 30 von Charterhouse zur Hongkong Shanghai Bank wechselt. Während er früher als Analyst seine Projekte innerhalb von Stunden abschließen musste, haben er und sein Team nun ein halbes Jahr für die Zusammenstellung eines Fonds Zeit. Die Arbeitstage sind noch immer zwölf Stunden lang, aber es gibt nun auch ruhigere. Er kann sich aus der Distanz betrachten und sagen, so wie damals mit 26 – Nachtklubs, Mädchen, Zombiegesicht – würde er nicht mehr leben wollen. »Es fühlt sich so, so...«, er sucht das Wort, »schäbig an.« Einmal die Woche, noch so eine Errungenschaft wie die 400 Meter am Mittag, zwingt er sich, Tennis oder Golf zu spielen, »ich kriege Depressionen, wenn ich mich nicht bewege«. Er ist sich bewusst, welche Auswirkungen auf seine Karriere ein solcher Ausbruch, und sei er nur sporadisch, aus dem Planeten City mit sich bringen kann. Er spricht über diese möglichen Konsequenzen, als habe er sie vor seinem inneren Auge schon längst durchlebt. »Ich bin nun in einer so hohen Position, wo alle meine Konkurrenten schlau und fähig sind. Aber sie opfern ihr soziales Leben für die Karriere, und wenn ich auf ein Privatleben bestehe, werden sie Erfolg haben. Sie werden mich hinter sich lassen.«

Er muss los, dreißig Minuten Mittagspause macht er sonst nie. Dass er nicht mehr unkritisch durch das Reich des Gelds läuft, heißt noch lange nicht, dass ihm seine Arbeit nicht mehr viel bedeuten würde. Er hat das Summen und Brummen noch immer in sich. Er wird es nie mehr loswerden. Sie waren Bergsteigen, unser gemeinsamer Freund Rob und noch ein paar andere Investmentbanker, in Ekuador, auf 5000 Meter. Rob sagte, passt auf, schaut auf die Wolken, es kommt Regen, aber die anderen rannten weiter. Sie wollten nur so schnell wie möglich den Gipfel erreichen. »Andere Leute mögen vielleicht denken: Wir sind extrem. Und vielleicht haben sie Recht: Wenn ich Rad fahre, will ich so schnell fahren wie ich nur kann, wenn ich Ski fahre, will ich die schwerste Piste hinunter.« Er redet weiter, als gäbe es einen logischen Anschluss: »Das System nimmt dich gefangen. Ich habe genug Leute mit 38 sagen hören, noch vier Jahre und dann steige ich aus. Aber das System hat dich gefesselt. Sie geben dir eine Million Pfund Bonus – doch der wird über drei Jahre verteilt ausgezahlt. Wenn du vorher gehst, verlierst du das Geld. Sie geben dir Hunderttausend in Optionsscheinen. Aber du darfst sie erst nach fünf Jahren einlösen. Und du denkst, okay, noch fünf Jahre. Und nach fünf Jahren wird dir der nächste große Bonus versprochen. Und du denkst, gut, drei Jahre noch.« Ich sage schon lange nichts mehr, und vielleicht redet er ja auch gar nicht mehr mit mir, sondern mit sich selbst. »Rob ist mein einziger Freund, der nicht in der City arbeitet. Jedes Mal wenn wir uns sehen, sage ich zu ihm: In zehn Jahren musst du mich da rausholen. Du musst mich da rausholen. Wenn ich in zehn Jahren noch immer in der Mühle bin, habe ich versagt.«

Es gibt keine Verabschiedung, die nach solchen Schlussworten normal klingen würde. Irgendwie schaffen wir es trotzdem. Er ist schon zehn Meter entfernt, ein gut aussehender junger Mann, intelligent, ungeheuer sympathisch. Man könnte denken: Er hat alles.

»Pete!«, rufe ich hinter ihm her. Mir ist noch eine Frage eingefallen. »Was willst du eigentlich machen, wenn du nicht mehr in der City arbeitest?«

Er antwortet ohne zu zögern, als habe er schon darüber nachgedacht.

»Etwas...etwas *Wirkliches*. Vielleicht Häuser umbauen, neu dekorieren. Etwas, bei dem ich meine Hände benutzen kann.«

Im Strom der tausend Banker geht er aus der Shopping Mall hinaus, den Umweg zurück zur Arbeit. Er überholt viele, er geht schneller als die meisten. Er hat noch einen weiteren Weg vor sich als sie.

Londoner II:
Joseph Friedmann

Joseph Friedmann in seinem Restaurant
***The Tiroler Hut,* 27 Westbourne Grove, Bayswater:**

1967 habe ich das Restaurant aufgemacht, und in den ersten zwei Jahren ist kein Engländer gekommen. Die deutsch-österreichische Küche ist hier nicht angesehen. Die Amerikaner haben viel mehr Respekt vor unserem Essen, aber hier – ein Tafelspitz zum Beispiel, das läuft nicht. Wenn Sie das übersetzen, wissen die Engländer gar nicht, was das ist. Die deutschen Auswanderer waren am Anfang unsere Kundschaft. Das ganze Hotelgewerbe in London war in den sechziger Jahren doch voll von jungen Deutschen, Österreichern und Polen. Die haben dann abends bei uns ihre Bratwurst und ihr Bier bekommen und das Heimweh gratis dazu. Spätestens um neun, halb zehn habe ich *Meine Mutter ist Wienerin* auf der Ziehharmonika gespielt oder auch das *Fiaker-Lied* gesungen. Da haben die ganzen Wiener, die vielen jüdischen Leute Tränen geweint vor Sehnsucht. Und ich habe mitgeweint. Die Tränen liefen mir das Gesicht runter, aber ich habe immer weiter gesungen, ich bin zum Entertainer geboren, die Leute zu unterhalten, ist mein Leben. Also habe ich weitergespielt.

Ich spiele immer noch, um dieselbe Uhrzeit, gegen neun, halb zehn, wenn der Laden voll ist und die Leute die ersten

Biere getrunken haben. Dann ziehe ich mir die Lederhosen an, schnappe mir zwei Mädels, die eine rechts, die andere links, und mache die Kuhglockenshow. *Blau, blau, blau blüht der Enzian* singe ich, aber auch *Auf der Reeperbahn nachts um halb eins* – Alpenlieder, Berliner Lieder, Hamburger Lieder, da nehmen wir's nicht so genau. Die Gäste heute sind ja in der Mehrzahl Engländer. Jetzt endlich, nach so vielen Jahren, kommen sie, und Touristen aus der ganzen Welt, die wollen eine Gaudi haben und ein gutes Essen: Kassler, Schweinshax'n, Bauernschmaus. Dreißig bis vierzig Pfund lassen die Leute im Schnitt hier und bleiben drei, vier Stunden. Die Bedienungen tragen Dirndl, und es sieht bei uns aus wie in einer Tiroler Stuben, aber dass die Reeperbahn nicht in Tirol liegt, stört niemanden. Dass ich gar kein Österreicher oder Deutscher bin, erkennen meistens noch nicht mal die deutschen Gäste.

Ich bin Ungar, aus Pecs. Meine Eltern waren Donauschwaben, zu Hause haben wir noch Deutsch gesprochen. Und jetzt halte ich als Ungar als Einziger die Fahne der deutschen Küche hoch. Außer dem meinen gibt es kein anderes deutsches Restaurant mehr in London, die *Jägerhütte* hat auch zugemacht, wegen den wahnsinnigen Mieten.

Ich bin im März 1957 aus Ungarn abgehauen, nachdem die Sowjets einmarschiert waren. Neunzehn war ich. Beim ersten Versuch haben sie mich noch erwischt: »Geh mal schön brav zurück zu deiner Familie«, haben sie nur gesagt, die Gefängnisse waren nämlich schon voll, sie konnten niemanden mehr einsperren. Einen Monat später habe ich es wieder probiert und diesmal schaffte ich es über die Grenze nach Österreich. Eigentlich wollte ich nach Amerika; es hört sich vielleicht blöd an, aber Deutschland oder Österreich war mir zu nah. Ich wollte einfach weiter weg von den Russen. Ein Visum für die USA habe ich nie bekommen. So bin ich in England gestrandet. In Gloucestershire wurde ich untergebracht, habe in einer Maschinenfabrik gearbeitet und ein wenig Englisch gelernt. Und eines Tages habe ich einfach den Zug nach London genommen. Neunzehn war ich, grün hinter den Ohren; in Soho habe ich nur staunend nach links und nach rechts geschaut.

Das war damals noch ein anderes London: Schutzgeld-Banden kamen in die Bars, die Richardson-Gang war unterwegs, die Kray-Brüder trieben ihr Unwesen. Im Piccadilly Hotel, das heute das Le Meridien ist, habe ich als Tellerwäscher Arbeit gefunden. Später war ich Barmann, habe Saxophon in Bars gespielt, ich war nie arbeitslos. Schon damals war London eine Stadt für junge Leute. Die Carnaby Street, das Zentrum der *Swinging Sixties*, wo man mit verrückten Kleidern rumlief, mit Federn bis zum Boden, war allerdings nicht so mein Ding. Wir sind lieber ins *Rheingold* gegangen, einen Club mit Tanzkapelle in der Oxford Street, in der Nähe des Claridge's Hotel, in dem ich eine Zeit lang gearbeitet habe. Dort konntest du auch Weiber aufreißen – wenn für uns noch welche übrig waren. Meine Freunde und ich mussten oft bis neun, zehn arbeiten, dann schnell ein bisschen Aftershave und rüber ins *Rheingold*. Das hat ja schon um elf Uhr zugemacht. Ich verstehe das ja nicht, warum die Pubs heute immer noch um elf zumachen müssen. Aber das wollen die Engländer nicht hören. Genauso mit dem Personalausweis: Jetzt reden sie schon wieder darüber, ihn endlich einzuführen, und ich wette, es tut sich wieder nichts. Ich habe schon mal vor Jahren beim Radio angerufen und gesagt, dass sie keine Angst vor einem Kontrollstaat haben müssten, nur weil sie die Ausweispflicht einführten, genauso wenig ginge die Welt unter, wenn die Pubs ein bisschen länger aufhätten. Doch das kannst du den Engländern nicht erklären. Ich sag das nur, es stört mich nicht. Ich kann überhaupt nichts Schlechtes sagen über London. Der echte Londoner, das ist ein Spaßvogel, etwa ein Taxifahrer, der singt, sehr nett, höflich, hilfsbereit. Nach 47 Jahren in dieser Stadt sagt mir mein Instinkt: Der Londoner ist reserviert, aber im Herzen freundlich zu Fremden.

Irgendwann habe ich dann mit Pete, einem deutschen Freund – es muss so um 1965 gewesen sein – einen Nachtclub aufgemacht. Wir hatten von einem Lokal in Soho gehört, das leer stand, und einen Termin mit dem Besitzer vereinbart. Es war der Manager der Sängerin Lulu! Der saß in seinem Büro, hinter einem Tisch so groß wie mein Restaurant und reichte uns ein Stoffpäckchen. Wir rollten das Tuch auf: Zigarren! Als Pete und ich sie angezündet hatten, legte er uns ein Papier hin und drängte: »Unterschreibt! Unterschreibt! Unterschreibt!« Zwei Minuten später waren wir Pächter eines Nachtklubs. Und ein paar Tage später merkten wir: Das Lokal besaß gar keine Lizenz, Alkohol zu verkaufen.

Ich habe daraus gelernt und mich gewissenhafter umgesehen, als ich nach diesem Fiasko daran ging, hier im Keller den *Tiroler Hut* aufzumachen. Ich kannte die Gegend damals nicht: Bayswater, Notting Hill, das war nicht wie heute – voller Touristen, voller Leben – sondern ein hartes Pflaster. Um die Ecke gab es das *Angelo's*, ein Nachtlokal, das erst spät aufmachte und einige Gangster anzog. Die sind dann, wenn wir um sechs Uhr abends geöffnet hatten und sie nicht wussten wohin, zu uns gekommen. Einmal kam ein Ungar rein, groß, sehr gut gekleidet. Ich sagte: »Grüß dich.« Er sagte: »Gib mir Wein.« Später bezahlte er und ging.

»Weißt du nicht, wer das war?«, flüsterte mir einer der Kellner zu. Ich hatte keine Ahnung.

»Das war der Jerry!«

Jerry war der ungarische Al Capone, stadtbekannt, gefürchtet, ein Psychopath. Er konnte ohne Grund ausrasten. Und er kam noch einmal in mein Restaurant. Ich machte gerade meine Kuhglockenshow, als er mir voll in den Arsch trat. Ich habe in dem Moment nicht überlegt, ich habe instinktiv reagiert, ohne richtig zu registrieren, was ich tue, habe ich mich umgedreht und ihm eine der Kuhglocken in die Goschen gehauen. Er hat aus dem Mund geblutet, mich angeschaut und auf Ungarisch gesagt: »Du bist hin.«

Mit sieben, acht Leuten ist er zurückgekommen. Sie haben das Telefon rausgerissen, es gab eine Riesenprügelei. Ich habe Jerrys Neffen in den Schwitzkasten genommen, mein Barmann hat Jerry eine Whiskeyflasche auf den Schädel gehauen, und dann kam die Polizei und hat sie alle verhaftet. Damals gab es noch nicht diese alberne *Political Correctness*. Wenn das heute passieren würde, müssten vermutlich *wir* uns, meine Kellner und ich, vor Gericht verantworten und begründen, warum wir uns gewehrt, warum wir zurückgeschlagen haben. Damals hat die Polizei einen Blick auf das Ganze geworfen, verstanden, was los war, und Jerry und seinen Jungs erklärt: *»Fuck off!«*

Die Zeit fliegt, das Viertel hat sich verändert, wir sind zu einem richtig etablierten Restaurant geworden, zu einer Institution: die einzige deutsch-österreichische Küche in der Stadt. Die Japaner kommen, die Amerikaner auch. Nicht alles ist heute besser, aber ich habe nichts zu reklamieren, überhaupt nichts zu reklamieren habe ich. In den Achtzigern zog die Rezession in London ein, und die Rezession wird wieder kommen, die Rezession kehrt immer zurück, aber mein Restaurant, dieses sichere Schiff wird weiterfahren. Kate Moss war hier, mit diesem deutschen Fotografen, wie heißt der gleich noch? – Andrea! Andrea, wie heißt dieser deutsche Fotograf, der hier war? – Jürgen Teller, richtig. Ruby Wax war hier, hochschwanger.

»Ist das Ihr Knödel?«, fragte ich sie und zeigte auf ihren Bauch.

»Nein, meine Wurst!«, sagte sie.

Die Leute wollen eine Gaudi haben, eine Gaudi und gutes, zünftiges Essen. Und das kriegen sie hier, denn ich habe ja zum Glück den Karl Wirth, meinen Koch. Ein polnischer Junge hilft ihm, aber kochen tut der Karl. Der Koch muss schon aus Deutschland oder Österreich sein, sonst kannst du es gleich lassen. Von den drei Kellnerinnen in ihren Dirndln ist nur noch eine aus Österreich, Andrea, die anderen beiden kommen aus Spanien und Polen. Den Namen der Polin brauchst du dir aber gar nicht aufschreiben, auch wenn sie so hübsch ist, die geht bald wieder. Sie kommen und gehen, das ist London. Am Anfang hatte ich noch drei Österreicherinnen, aber die Österreicherinnen – ich sag's mit Respekt – haben nicht mehr die richtige Einstellung. Zwei ganz Fesche aus Kitzbühel hatte ich mal, bildhübsch, aber die wollten nur abends ausgehen und dann morgens lange schlafen.

Die Wahrheit ist, dass ich nicht mehr viel ausgehe. Ich bin 65! Ich wohne mit meiner Frau, einer Österreicherin, im Norden, in Stanmore, vier Kinder haben wir großgezogen. Und die meiste Zeit bin ich hier in meinem Keller, im *Tiroler Hut*. Ab und zu gehen wir zu *Ronnie Scott's* nach Soho, ich interessiere mich für Jazz, ich habe sie alle gesehen, Ella Fitzgerald, Tubby Hayes. Wer was darstellen will, muss in London auftreten. Städte wie München sind wohl schöner und gemütlicher. Doch London schwingt mehr denn je. Die ersten Male, als ich in den Ferien zurück nach Ungarn gefahren bin, hätte ich den Boden küssen können. Mein Land! Und spätestens nach einer Woche hatte ich jedes Mal Heimweh nach London. Das ist meine Stadt, hier kenne ich mich aus. Ich werde nie ein Londoner sein, weil ich hier nicht geboren wurde. Aber ich bin ein Londoner.

Wir trinken genug

Er und ich wurden Freunde, als *The Summer of 69* von Bryan Adams gespielt wurde. Er nickte mit dem Kopf, ich wippte mit dem Fuß, und wir merkten, dass wir beide denselben schlechten Musikgeschmack hatten. Ich kaufte ihm ein Bier, er verschüttete die Hälfte über mein T-Shirt. Das Lied näherte sich seinem stürmischen Höhepunkt, und wir wurden unzertrennlich, den ganzen Sommer '99 lang. Aber seinen Namen kenne ich heute noch nicht. Damals fragte ich ihn danach, dreimal, um genau zu sein. »Wie heißt du?«

»T-t«.

»Wie?!« Die Musik im Pub war nicht leise. Sein Name wurde länger.

»Tu-tu.«

»Entschuldigung, ich höre dich so schlecht. Sag's bitte nochmal!« Er hatte schiefe Zähne und ein freundliches speckiges Jungengesicht. Er gab sich Mühe, er holte tief Luft und presste das Wort regelrecht heraus, langsam, jede einzelne Silbe betonend.

»Tut-tut.« Das war's. Noch einmal konnte ich nicht nachfragen, das wäre unhöflich gewesen.

»*Good to see you*«, sagte ich und reichte ihm die Hand. Der Handschlag fühlte sich so an, als würden wir etwas besiegeln. Ich wusste nur noch nicht was. »Ich bin Ronnie.«

»Schön dich kennen zu lernen, Bonny.« Wir würden uns prächtig verstehen. Der Sommer hatte gerade erst begonnen.

»*Nice place here*«, sagte Tut-tut.

»Yeah«, sagte ich und sah mich nicht um. Ich wusste, wie es um mich herum aussah. Gewöhnungsbedürftig. Von Montag bis Mittwoch war es hier ruhig, mit ein wenig Augenzudrücken ließ sich sogar behaupten: gemütlich. Von Donnerstag bis Sonntag jedoch verwandelte sich das Pub. Plätze zum Sitzen gab es dann nur noch theoretisch. Die Leute, die standen, drängten sich aneinander und quetschten die Stühle unter die Tische. Die Schuhe klebten am Holzboden, die großen Fensterscheiben waren beschlagen von der Hitze der Menge, die einem, ob man wollte oder nicht, ihre Flüssigkeiten aufdrängte, das Bier, das verschüttet wurde, den Schweiß, der im Gedränge aneinander abgerieben wurde. Es waren vielleicht 150 Leute da, ich bin nicht gut in solchen Schätzungen, aber ich spürte, es hätten allenfalls 50 sein sollen. Die Mehrzahl trug T-Shirts, und vielleicht hatten der Mehrzahl diese T-Shirts sogar irgendwann einmal gepasst. Nun schwappten die Bäuche, ob weiblich oder männlich, heraus. Die Leute waren jung, Mitte zwanzig, Anfang dreißig, und man ahnte bereits, wie sie im Alter aussehen würden. In der Mitte des Pubs, im Freiraum zwischen der Bar und den an die Wand gedrückten Tischen, tanzte eine Gruppe Südafrikaner. Sie schlugen mit den Armen aus, die Hände geballt, sie traten in die Luft und warfen die Köpfe durch die Gegend. Tut-tut und ich missachteten sie. Wir konnten nicht tanzen und taten deshalb so, als wären wir uns zum Tanzen zu gut.

»Wessen widmest du dich, Bonny?«, fragte Tut-tut.

»Häh?«

»Welcher Profession widmest du dich?« Er hatte einen ausländischen Akzent, aber ich kam nicht drauf, welchen.

»Ach, diesem und jenem«, antwortete ich. Wir waren in England: Ich konnte nicht sofort solch private Dinge wie meine Arbeit offen legen.

»Das ist gut«, sagte Tut-tut und sah sehr zufrieden aus. »Ich mache dasselbe.«

»Was?«

»Dies und das. Meine Vielfalt von Professionen hält mich wachsam. Ich werde dich auf Bier einladen.«

Woher Tut-tut auch immer kam, es musste ein Land sein, in dem vor Hauptwörtern keine Artikel benutzt werden, denn wenig später sagte er: »Frau ist dick.« Das war, angesichts der Vielzahl von nicht-dünnen Frauen vor uns, eine ungenügende Beschreibung und verwickelte uns in eine längere Suche (»Welche? Die?« – »Nein, die!« – »Die?!« – »Zeig doch nicht mit dem Finger auf sie!«).

Allerdings war es – wie sich herausstellen sollte – völlig korrekt gewesen, auf den Artikel zu verzichten, als er mir verkündet hatte: »Ich werde dich auf Bier einladen.« Es war nicht mehr zu zählen, wie viel Bier wir im *Slug & Lettuce* am Fulham Broadway an jenem Abend tranken, als der Sommer '99 begann.

Auf den ersten Blick machen Londoner in Pubs nichts anderes, als Bier zu trinken – und zwar in für Kontinentaleuropäer unvorstellbaren Mengen. In Wirklichkeit aber wird hier jeden Abend in endlosen Gesprächen die Welt neu erfunden. Ich bin in London an vielen Abenden in Pubs gegangen in dem Glauben, in einem demokratischen, funktionierenden, würdigen Land zu leben. Als ich Stunden später, pünktlich um 23 Uhr hinauswankte, wusste ich stattdessen, dass Premierminister Tony Blair die Marionette eines russischen Ölmagnaten ist, der eine Pipeline von Wladiwostok bis nach Barrow-in-Furness bauen will, weswegen der Premierminister schon bald die Benzinpreise erhöhen wird, was ja wiederum auch den FC Chelsea treffen könnte, der doch von einem rivalisierenden russischen Ölbaron gesponsert werde, und habe nicht Chelsea schon letzten Samstag gespielt, als steckten sie mitten in einer Ölkrise, wobei ja letztens einer in Taucherausrüstung im Loch Ness einen Unterwasser-Marathon gelaufen sei und auch nicht auf Erdöl gestoßen, also soweit her mit dem schottischen Ölaufkommen sei es auch nicht, und wer hole denn jetzt die nächste Runde?! Die Wendungen und Irrungen von Pub-Gesprächen sind unvorhersehbar, sicher ist nur, dass hinterher nichts mehr so sein wird, wie es vorher war.

Im Ausland ist das Pub, noch vor der roten Telefonzelle oder den Londoner Doppeldeckerbussen, *das* Symbol für britisches Leben. Inzwischen ist es in die ganze Welt exportiert worden, in Palermo finden sich nun genauso Pubs wie in Peking oder portugiesischen Kleinstädten, wenngleich sie im Ausland gerne *Irish Pub* genannt werden. Der Unterschied zwischen englischen, schottischen oder irischen Pubs muss mir allerdings entgangen sein, einmal abgesehen vielleicht von den verschiedenen Stilen des Folk – aber hört der sich nicht nach dem fünften Bier überall gleich an?

Es sind nicht einfach vier Wände mit viel Teppich und Bier, es ist das britische Leben, das mit den Pubs in alle Himmelsrichtungen transportiert wird, oder zumindest eine Ahnung davon. Deshalb sind Pubs von Alaska bis Afrika ein solcher Erfolg: Es sind Horte der britischen Herzlichkeit. Hier drinnen offenbart ein Volk, das sich im Alltag so kühle Umgangsformen auferlegt hat, seine ganze Wärme. Dass es dabei oft zu heiß hergeht, gehört dazu. Eine kleine Schlägerei? »*Oh, it's just part of the fun*«, sagt mein schottischer Freund Graham.

Sagenhafte 17,5 Milliarden Pfund lassen Briten jährlich für Drinks in *Public Bars*. Das ist ziemlich exakt die Hälfte des gesamten Geldes, das sie für – wie es in Statistiken immer so nett heißt – »Freizeitaktivitäten« ausgeben. Die Milliardensumme erstaunt einen aber nicht mehr so sehr, wenn man einmal in London ausgegangen ist. Der Sinn des gemütlichen spanischen, französischen oder durchaus auch deutschen Konzepts, *ein Bier trinken zu gehen*, erschließt sich den Briten nur schwer. Wozu? Wenn man doch auch dreizehn trinken kann! Einmal ging ich mit Graham aus und hatte noch ein paar spanische Bekannte dabei. Irritiert sahen sie zu, wie Graham ständig aus zwei Biergläsern gleichzeitig trank. »Äh, das da...«, traute sich Iván schließlich nach einigem konspirativen Gemurmel zu stammeln und zeigte auf Graham.

»Was?«

»Warum hast du immer zwei Bier?«

»Weil ich zwei Hände habe«, antwortete Graham.

Man trinkt, um sich zu betrinken. In ihrer Art auszugehen, offenbart sich der Hang der Engländer zum Extremen, für den ich schon immer eine Schwäche hatte, aber auch ihre Generosität. Wenn man zusammen ins Pub geht, spendiert jeder jedem mindestens einen Drink.

»Aber wir sind doch zu siebt?«, fragte ich einmal erstaunt Steven, einen Journalistenkollegen vom *Belfast Telegraph*. »Das heißt ja, dass wir sieben Bier trinken müssten. Das schafft doch gar keiner!«

»Aber viele versuchen es«, entgegnete er. Er und seine Freunde tranken darauf vierzehn Pints (ein Pint fasst 0,57 Liter). Ich trank, so viel ich konnte, und hatte irgendwann neun angefangene Pintgläser vor mir stehen.

Pubs in London sind wie die Stadt selbst. Laut und leise, tobend und zivilisiert, nie eindeutig greifbar. Es gibt brodelnde Pubs wie das Fulhamer *Slug & Lettuce*, majestätische wie das *Salisbury* in der Saint Martin's Lane mit dicken Teppichen und offenem Kamin und zeitlose wie das verrauchte *Coach & Horses* in Soho, in dem das Publikum die wahre Attraktion ist, Trinker aus Leidenschaft wie der legendäre Schreiber Jeffrey Barnard, dessen Kolumnen im *Spectator* oft nur aus einem Satz bestanden: »*Jeffrey Barnard is unwell.*« Als allerdings die britische Regierung entschied, auch Minderjährigen Pub-Besuche zu erlauben, da füllte Barnard seine Kolumne – und wie: »Pubs waren niemals Orte für Familientreffen. Pubs sind Einrichtungen für schwere Jungs und verzweifelte Männer, die nach dem Sinn des Lebens suchen... Ich bezweifle, dass die Gewohnheiten der Trinker einen zivilisierenden Einfluss auf Kinder ausüben. Wenn mich meine Mutter mit sieben Jahren in die Pubs von Soho geschleift hätte, wäre ich heute ohne Zweifel ein Verrückter in der Irrenanstalt. Obwohl, genau betrachtet, bin ich genau das heute während eines Großteils des Tages.«

Eine andere Wahrheit ist, dass, so unterschiedlich die Pubs auch sein mögen, die meisten längst wenigen, großen Brauereiketten gehören. Die Wirte wie Gerry im *Churchill Arms* in Notting Hill mögen noch immer Originale sein, doch auch sie sind längst nur noch gewöhnliche Geschäftsführer mit einem monatlichen Fixgehalt, die nur das Bier ihrer Brauerei ausschenken dürfen. Und wenn der Umsatz zu gering ist, werden sie entlassen. Nur mit dem Essen wirtschaften sie auf eigene Rechnung. *Eel and mash* oder *bangers and mash,* das klassische englische Pub-Essen, findet man allerdings nur noch selten auf der Karte. In vielen traditionellen Londoner Pubs wie dem *Churchill Arms* heißen die Gerichte heute *Nue Gra Pao* oder *Gaeng Gari Gai*. Die Köche sind aus Thailand.

Das *Churchill Arms* ist berühmt für sein gutes, preiswertes Essen, *The Lamb & Flag* in der Rose Street wird in schlichtweg jedem Reiseführer für seine Ursprünglichkeit gepriesen. Das, was aus einem Pub ein gutes Pub macht, hat jedoch wenig mit solchen Äußerlichkeiten zu tun. Ein gutes Pub gibt einem das Gefühl, dazuzugehören. *A sense of belonging.* In ein gutes Pub geht man alleine und fühlt sich geborgen. Das ist sowieso das Größte an Londoner Pubs: dass man alleine dort hingehen kann. Ich erinnere mich mit Grausen an meine Versuche, in Budapest und Barcelona alleine auszugehen. In den Bars fühlte ich mich angestarrt, verstoßen, freundeslos. In Londoner Pubs kann man alleine gehen, und wenn man alleine bleiben will, lassen einen die Leute in Ruhe; ohne einem das Gefühl zu geben, ein Aussätziger zu sein. Und wenn man jemanden zum Reden sucht, wird man jemanden finden. So wie Tut-tut und ich uns fanden.

Er war aus Bulgarien, und er wusste alles: Dass Engländer Bulgaren grundsätzlich mochten, weil Bulgarien auch einen König hatte »wie die Queen«. Dass es eine serbisch-orthodoxe Kirche am Ladbroke Grove gab, aber griechisch-orthodoxe Kirchen überall in London. Dass Bryan Adams ein großer Sänger werden würde. »Als ich ihn vor vier, fünf Jahren zu Hause in Varna zum ersten Mal im Radio hörte, fragte ich meinen Cousin, bei dem ich im Zimmer saß: ›Wer ist das?‹« – »Bryan Adams«, sagte Tut-tuts Cousin, »ein kanadischer Sänger, sehr erfolgreich im Westen.« – »Er wird auch in Bulgarien großer Sänger werden«, sagte Tut-tut.

Wir trafen uns nun fast jeden Freitag oder Samstag im *Slug & Lettuce*, manchmal auch Freitag, Samstag und Sonntag. Wir verabredeten uns nie. Ich fühlte, das passte nicht zu englischen Pubs. Man ging einfach rein, fühlte sich wie zu Hause und redete mit denjenigen, die gerade auch daheim waren.

Es geht in einem Pub nicht darum, jemanden besonders gut kennen zu lernen. Es geht darum, eine gute Zeit zu haben. Das heißt nicht, dass man immer fröhlich sein müsste. Ganz im Gegenteil. Gerade in einem Pub kann man offen an der Schlechtheit der Welt leiden; hier kann man eine gute Zeit dabei haben, in schlechten Zeiten zu schwelgen oder die schlechte Zeit zu ertränken. Tut-tut und ich kannten die Regeln, wir liebten das Spiel. Wir gaben uns gegenseitig das Gefühl, zu Hause zu sein in diesem Pub, in dieser Stadt. Ich schätzte seine gewählte Art, sich auszudrücken, seine Allwissenheit und sein freundliches Jungen-Lachen. Ich vermute, er mochte an mir, dass ich zuhörte.

Manchmal brachte er ein mazedonisches Mädchen mit, Katharina, die erst 22 war, sechs Jahre jünger als er, und ihn hoffnungslos anhimmelte. Bei ihr klang sein Name wie »Dud-Dud«.

»Gibt es Schwarze in Deutschland?«, fragte mich Katharina.

»Nicht so viele«, antwortete Tut-tut.

»Hattest du schon mal eine schwarze Freundin?«, fragte mich Katharina.

»Wenn amerikanisches Parlament sich damals auf Deutsch als Sprache von USA geeinigt hätte, gäbe es heute vielleicht mehr Schwarze in Deutschland und Bonny hätte auch schon mal schwarze Freundin gehabt«, antwortete Tut-tut. »Ihr seid darüber informiert, dass amerikanisches Parlament 1851 zur Abstimmung schritt, ob Deutsch oder Englisch Sprache von Vereinigten Staaten von Amerika werden würde?« Niemand hatte Katharina und mich informiert. »Ja«, sagte Tut-tut. »Englisch konnte Konflikt für sich entscheiden. Mit einer Stimme Vorsprung. Weil deutscher Gentleman sich anstandshalber der Stimme enthielt.«

Auch wenn Katharina ein nettes, höfliches Mädchen war, so bevorzugte ich jene Abende, an denen ich Tut-tut für mich alleine hatte. Diese Treffen hatten etwas Komplizenhaftes. Vor allem seit Tut-tut von der Sache mit dem Fahrrad erzählt hatte.

Tut-tut wohnte bei einer libanesischen Familie in Colliers Wood zur Untermiete. Er brauchte mit der U-Bahn anderthalb Stunden vom Süden der Stadt bis ins *Slug & Lettuce*. Andere hätten gesagt: »Ich fahr doch nicht anderthalb Stunden, um ins Pub zu gehen.« Tut-tut sagte: »Ich zieh doch nicht um, nur weil meine Wohnung so weit vom Pub weg ist.«

Eines Samstags war er aufgewühlt, ich sah es ihm sofort an. Er stand ganz links am Tresen, dort wo wir immer standen. Hinter ihm arbeiteten die stämmigen Kellnerinnen in den kurzärmligen Poloshirts, mit den hochgesteckten Haaren und den schon tiefen Furchen von der Nase abwärts noch im Niemehr-als-ein-Bier-auf-einmal-Zapfrhythmus. Später würden sie zwei, drei Gläser gleichzeitig unter die verschiedenen Zapfhähne stellen, um den Andrang zu bewältigen. Tut-tuts dünne schwarze Haare, die so aussahen, als ob sie schon bald grau werden würden, falls sie nicht zuvor ausfielen, saßen akkurat seitlich gescheitelt wie immer. Aber in seinem Gesicht leuchteten rote Flecken.

»Schon was getrunken, Tut-tut?«

»Nichts, was Rede wert wäre.«

»Und, wie war dein Tag?«

Ich wusste, dass samstags Tut-tuts Friseurtag war. Er sagte, er mache das wegen der Variation seiner beruflichen Widmungen, man hätte es aber auch einfacher ausdrücken können: Er arbeitete zusätzlich einen Tag die Woche als Friseur, um genug Geld zu verdienen. Von Montag bis Freitag reparierte er Elektrogeräte bei einem polnischen Gebrauchtwaren-Händler in Balham. Ventilatoren waren sein Spezialgebiet, aber es gab nicht genug Hitzewellen in London, deshalb bekam er fast nur Fernseher in die Finger. In Varna hatte er Politik, Jura, Biologie, Architektur und Kunstgeschichte studiert, jedenfalls reimte ich mir das aus seinen Erzählungen zusammen.

»Guter Samstag«, sagte er. »Um zwölf wurde Premier-League-Fußballspiel im Fernsehen übertragen, Leute betrachteten es in Pubs, und als Spiel fertig war, bekamen sie große Lust auf neue Haarschnitte. Ich hatte viele Kunden.«

Ich wusste, er hatte etwas auf der Seele, wusste aber auch aus Erfahrung, dass man in einem Pub nicht nach den dramatischen, schmerzhaften und aufregenden Dingen im Leben des anderen fragte. Die Leute wollen ungefragt davon erzählen.

»Dinge sind nicht mehr, wie sie einmal waren, Bonny«, sagte er schließlich.

»Nein?«

»Nein. Ich habe Fahrrad in Gartenhütte gefunden. Moun-

tainbike.« Ich verstand nichts und bestellte deswegen zwei
Bier. Zehn Minuten später steckte ich mitten in einem mora-
lischen Dilemma.

»Was denkst du, Tut-tut?«

»Meine Freundschaft zu Familie bindet mir Hände auf
Rücken.«

»Ist doch nicht so wichtig, Tut-tut. Vergiss doch einfach das
Fahrrad. Stell dir vor, du hättest das Ding gar nicht gesehen.
Dann würdest du dir jetzt auch keine Gedanken machen.«

»Ich habe aber Fahrrad gesehen.«

»Ich weiß. Aber du könntest doch...«

»Wir müssen was machen, Bonny.« Es klang wie eine Dro-
hung.

Am Abend zuvor war er um halb drei aus dem *Slug & Lettuce* nach Hause gekommen, so spät, weil wir noch lange vor
dem Pub auf der Straße geredet hatten, er die letzte U-Bahn
verpasste und mit dem Nachtbus über zweieinhalb Stunden
nach Hause brauchte. Er wollte etwas Wasser trinken, um sich
für den Friseurtag fit zu machen. Um niemanden im Haus zu
wecken, ging er nicht ins Bad im Obergeschoss, sondern in
den Garten, wo er aus der Gießkanne trinken wollte. Die li-
banesische Familie hatte zwei Söhne, 11 und 14, der jüngere
schlief im Zimmer direkt neben dem Bad im Obergeschoss.
Die Wasserleitung verlief in der Wand zwischen den beiden
Räumen. Als Tut-tut im stillen Garten die Gießkanne ab-
setzte, den Kopf aus dem Nacken nahm und geradeaus
blickte, sah er es in der Gartenhütte: Es funkelte silbern. Er
schaute sich um, stellte vorsichtig die Gießkanne auf den Boden, schaute sich nochmal um und öffnete die Tür der Hütte.
Sie quietschte. Er hielt inne – hörte nichts, quetschte sich
durch die halb offene Tür, weiter wollte er sie nicht öffnen,
und da war es: ein nagelneues Mountainbike.

»Mindestens 300 Pfund wertvoll!«, sagte Tut-tut.

Für ihn gab es nur eine Möglichkeit, wie es dorthin gekommen war: Der ältere Sohn hatte es geklaut. Womöglich

war er Mitglied einer Diebesbande; wer konnte wissen, was nicht noch alles im Garten vergraben war?

Wir überlegten, was Tut-tut machen sollte. Drei Freitagabende, drei Samstagnächte und zwei Sonntagabende berieten wir uns. Die Themen in einem Pub kehren immer wieder, sie drehen sich im Kreis. Dieselben Fragen werden neu gestellt, endgültige Antworten nie gefunden. Sollte Tut-tut mit dem Sohn reden? Den Vater informieren? Zur Polizei gehen?

Zwei Bier trinken?

Die Musik spielte gerade ein Lied, dessen erste Textzeilen ich auswendig konnte, *He's got a house in Devon / He drinks cider from eleven*, als Tut-tut schließlich am vierten Freitag sagte: »Du musst Verpflichtung eingehen, nach Colliers Wood zu kommen, Bonny.«

»Was?!«

»Du musst Fahrrad sehen und wenn du es siehst, wird uns einfallen, was wir machen sollen.«

Ich hielt das für einen wahnsinnigen Plan, aber unsere Freundschaft sah keinen Widerspruch meinerseits vor. Ich setzte auf den nächsten Tag, darauf, dass Tut-tut vor lauter Haareschneiden seine Idee wieder vergessen würde.

Vorsorglich ging ich tags darauf nicht ins *Slug & Lettuce*.

Es gab durchaus einige Tage, an denen ich nicht ins *Slug & Lettuce* ging – an denen ich so tun musste, als würde ich es gar nicht kennen. Das war, wenn ich Besuch hatte oder Bekannte treffen wollte, die mich für einen ernst zu nehmenden Menschen hielten. »Wir möchten gerne auch in ein richtig typisches englisches Pub gehen«, sagten die Besucher. »*Let's meet in your local*«, sagten die Bekannten. Das *local* ist eine Institution in England, jeder muss eines haben, *sein* Pub, in das er immer geht. Lokal muss das *local* dabei gar nicht mal sein. Wobei die anderthalbstündige Anreise und zweieinhalbstündige Heimfahrt, die Tut-tut auf sich nahm, doch eher unüblich waren. Ich sagte den Leuten, bei denen ich noch einen seriösen Ruf zu verteidigen hatte, *The Dove*, ein ruhiges, ehrwürdiges, mehr als vorzeigbares Pub an der Themse, gleich hinter der Hammersmith-Brücke, sei mein *local*.

An jenem Samstag nach *dem* Freitag war ich mit einem Journalistenkollegen im *Dove* verabredet. Ich war nachmittags in der *White Cube Gallery* am Hoxton Square gewesen und dann schon zum Zeitungslesen ins *Dove* vorgegangen, zwei Stunden bevor mein Bekannter kommen wollte. Das *Dove* steht in einer engen Gasse geduckter Backsteinhäuser aus dem 17. Jahrhundert. In der feuchten Winterdunkelheit bekam ich jedes Mal Herzklopfen: Auf solch angenehme und plötzliche Weise fühlte ich mich beim Gang durch die Gasse in eine andere Zeit zurückversetzt. Jetzt aber war Sommer und die alte Gasse allenfalls angenehm kühl. Über dem Eingang hing ein Schild, das dem trinkfesten Kolumnisten Jeffrey Barnard ein glückliches Lächeln entlockt hätte: »*Children may not come in, although many have tried.*«

Die Decke hing tief im *Dove*. Wenn man nach hinten ging, gelangte man zuerst in einen von Efeu überwachsenen Wintergarten, dann auf die Terrasse, und wenn man dann nicht aufpasste, direkt in die Themse. Draußen war kein Platz mehr frei, denn es war ein schöner Spätnachmittag und die Londoner konnten auf der Terrasse gleich zwei ihrer Obsessionen ausleben. Ihre Sonnenanbetung und ihren mysteriösen Drang zur Entkleidung. Noch aber war es kurz vor fünf, das hieß, viele Männer saßen zwar mit nacktem Oberkörper da und manche Frau im Bikini, aber noch offenbarte niemand seinen gefürchteten Humor, sprich seinen Busen oder Penis. Ich ging wieder rein, vor zur Bar, wo ich einen freien Hocker fand. Rechts neben mir saß einer dieser Typen, die in London immer an der Bar hocken, mit nach vorne gebeugtem Oberkörper und auf die Nasenspitze gerutschter Brille. Ich hielt mir die Zeitung vor die Augen, nicht, weil ich lesen wollte, sondern damit ich meine Ruhe hatte. Meine Abschirmmaßnahme hatte wenig Erfolg. Erst fiel die Brille von der Nasenspitze meines Trinknachbarn, dann dieser auf mich.

»Langsam, Mister, langsam«, sagte ich. »Sorry, sorry, sorry, sorry, sorry« murmelnd, richtete er sich wieder auf.

»Was trinkst du?«, fragte er mich. Er hatte einen *Upper-class*-Akzent, ein bisschen verzerrt vom Alkohol. Er klang nach Geld und Bildung.

»Oh, Sie müssen mir kein Bier kaufen. Ich bin okay, danke«, sagte ich.

»Was trinkst du?«

»Äh, ein Lager, danke.« Er bestellte ein Bitter und ein Lager. Als er das Geld aus der Hosentasche ziehen wollte, musste ich ihn festhalten, sonst wäre er noch einmal vom Hocker gefallen.

»Finden Sie nicht, dass Sie vielleicht, ähm, ich meine, eventuell schon zu viel getrunken haben?«, fragte ich.

»Nein«, sagte er. »Zu viel? Ich trinke höchstens genug.«

»Okay«, sagte ich. Damit war die Gesprächsrunde offenbar eröffnet. Zu uns stellte sich ein Mann in den Vierzigern, mit respektablem Bauch und einer ziemlich geraden Drecklinie auf dem blauen Polo-T-Shirt vom Po schnurgerade über den Rücken bis fast zu den Schultern hinauf. Es war leicht zu erkennen: ein Mountainbikefahrer. In den Pfützen auf den niemals trockenen Wegen an der Themse war ihm der Dreck vom Hinterreifen auf den Rücken gespritzt.

»*Nice day*«, sagte er. »*What have you been up to today?*« Wieder Bildungsklasse, ich hätte wetten können.

»Ich war in einer Galerie. *White Cube*, am Hoxton Square, moderne britische Kunst.« Da schob mein Nachbar seine Brille auf die Nase zurück. Damit er mich besser sehen konnte. »Du meinst, Damien Hirst und der ganze Müll?!«

»Yip«, sagte ich. »Genau das.«

»Der, der Haifische in Formaldehyd ertränkt und das Plastikspielzeug seines Sohnes vergrößert?«, fragte der Mountainbiker.

»Absolut. So ist es«, sagte ich.

»Ich weiß nicht, wie du das Kunst nennen kannst. Das gab's vor zwanzig Jahren in jeder Apotheke.«

»Was? Formaldehyd?«

»Nein, das alles.«

»Wenn ihr mich fragt, sollte man Hirst in eine Apotheke schicken«, erklärte mein Nachbar. »Der ist krank. Ein Aufmerksamkeit-Sucher.«

»Er hat einen Haifisch ertränkt und das Spielzeug seines Sohnes vergrößert, das ist alles, was er gemacht hat, nicht wahr?! Die Spielzeugfirma sollte ihn auf Plagiat verklagen.«

»Und die Anwohner von Hoxton erst! Wegen Hirst und den ganzen verdammten Galerien sind die reichen Leute ins Viertel gezogen. Und wenn die reichen Leute einziehen, dauert es nicht lange und die Diebe kommen!«

»Die Kriminalitätsrate ist nach oben geschossen wie das Formaldehyd nach oben schießen würde, wenn jemand endlich mal die Scheiben des verdammten Haifischbeckens einschlagen würde.« Ich existierte schon nicht mehr für meine Barnachbarn.

»Die Trendies kommen, und ihr werdet sehen, in ein paar Wochen kommt niemand mehr auf dem Bürgersteig durch, weil sie mit ihren Drinks vor den Pubs stehen und alles blockieren. Bei uns in Putney war's genauso.«

»Wenn sie wenigstens noch richtig trinken könnten.«

»Drei *pints* und sie sind am Boden.«

»Und wenn du höflich fragst, ob sie dich durchlassen könnten – immerhin ist das ja ein Bürgersteig – musst du dich beschimpfen lassen.«

»Die Kriminalitätsrate wird nach oben schießen, weil die Reichen da sind. Und dann kommen die Gangs aus Dalston und Bethnal Green, um die Reichen auszunehmen. Aber die Gangs können nicht unterscheiden, wer die Reichen sind und wer nicht, deshalb sind wir alle dran.«

Ich kann mich nicht mehr genau erinnern, aber es muss ungefähr an diesem Punkt gewesen sein, dass ich den beiden die Geschichte von Tut-tut und dem gestohlenen Fahrrad erzählt habe.

»Junge, wenn er es von den Reichen aus Hoxton gestohlen hat, dann *fair-play*. Ein Fahrrad weniger auf den Bürgersteigen!«

Doch der Mountainbiker sah es anders. »Ein Fahrrad! Ein Fahrrad zu stehlen, ist das Widerlichste überhaupt. Stellt euch den armen Mann vor, der es kurz an der Themse abgestellt hatte, um in den Büschen pinkeln zu gehen, und als er zurückkommt, ist es weg. Und nach Hause sind es 27 Meilen.«

»Mein Gott, dann setzt er sich halt ins Taxi«, sagte mein Nachbar, dem, so fürchtete ich, nicht aufgegangen war, dass er mit einem Mountainbiker sprach. »Schau dir doch die Radfahrer hier an der Themse an«, fuhr er fort. »Die stinken vor Geld. Wozu fahren die überhaupt mit dem Fahrrad? Aber das war schon immer ein West-Londoner Ding: Sein Licht unter den Scheffel stellen, Millionen auf dem Konto haben, Zigarre rauchen – und dann mit dem Fahrrad rumfahren.«

Wie wir es auch gedreht und gewendet haben, wir kamen zu keiner Lösung, was Tut-tut tun sollte. Nur in einem Punkt waren sich beide einig: »Du musst hingehen. Natürlich. Du musst das Rad mit deinen eigenen Augen sehen.«

Am Sonntag blieb ich zu Hause, das nächste Wochenende kam, am Freitag ging ich ins Kino, am Samstag in ein Restaurant, am Sonntag packte mich die Sehnsucht nach Tut-tut und dem grellen Lärm des *Slug & Lettuce*.

Ich liebte die Sonntage in London. Ich stand um sechs Uhr auf, um meinen Bericht für die deutschen Montagszeitungen über das Premier-League-Spitzenspiel zu schreiben, bei dem ich samstags gewesen war, und mit dem befriedigenden Gefühl, etwas getan zu haben, radelte ich um halb zehn in die Wormwood Scrubs, um mit meinem Team Fußball zu spielen. Um eins, spätestens halb zwei waren wir immer im *Churchill Arms*. Dort galt es, die dicken Sonntagszeitungen zu lesen und die ganze Woche in Gesprächen aufzuarbeiten. Deshalb brauchte man viel Zeit im Pub. Die meisten meines Fußballteams blieben bis fünf oder sechs Uhr im *Churchill*, dann war es für manchen Zeit, nach Hause zu gehen, für die meisten aber in ihr *local* weiterzuziehen.

Er sah verloren aus, vielleicht bildete ich mir das aber auch nur ein, als ich ins *Slug & Lettuce* eintrat. Ich hatte ihn sofort entdeckt, ein Gesicht, das aus der Menge herausstach, am selben Fleck wie immer. Als er mich sah, ging in seinen Augen die Sonne auf.

»*Allright?!*«

»*Yeah, allright*. Wo hast du dich so lange Tage befunden?«

»Hier und dort«, sagte ich.

»Ich verstehe sehr gut.«

Wir tranken zwei Bier und redeten über dies und jenes. Ich erzählte ihm von der Theorie meines Freundes Rob. Laut Rob war es logisch, dass der britische Frauensport so erfolglos war verglichen mit dem Männersport. Denn Sport war in Großbritannien seiner Meinung nach nur ein Anlass dazu, hinterher Bier trinken zu können, und deshalb hatten Frauen in Großbritannien kein so großes Interesse, Sport zu treiben. Tut-tut fand, wir bräuchten uns nur umschauen, um die These zu widerlegen. Und als ich die schreienden, hysterisch lachenden und vor allem trinkenden Londoner Frauen um uns herum betrachtete, wusste ich, was er meinte. Wir bestellten noch zwei Bier und redeten über ein ganz neuartiges Ventilatorenmodell. Das heißt Tut-tut redete und ich hörte zu. Aber was wir auch taten, was wir auch sagten, wir wussten, worauf das Gespräch hinauslaufen würde.

»Fahrrad«, sagte Tut-tut schließlich.

»Ja?«

»Es wurde bewegt.«

»Du meinst, es ist weg!«, rief ich. Ich war erleichtert.

»Nein. Es wurde um Zentimeter bewegt.«

»Und?«

»Ich glaube, uns bleibt nicht viel Zeit. Sie planen, es an anderen Ort zu bewegen.«

»Tut-tut! Dann lass sie doch! Dann sind wir das Problem los!« – wollte ich sagen. Ich schwieg.

»Wir sollten heute etwas tun, Bonny. Wir würden uns ganzes Leben Vorwürfe machen, wenn wir zu spät kämen.« Ich wollte noch ein Bier.

Als ein Kellner mit der Schelle läutete, um die *last orders* anzukündigen, war der Beschluss schon gefasst. Heute würden wir gehen.

Solche Situationen hatten mich schon immer überfordert: Wenn mich jemand vehement zu etwas drängte, was ich nicht wollte, war ich wie erstarrt, wehrlos, im Kopf blockiert, und folgte dem anderen auf dem Fuße. Diesmal jedoch hatte ich einfach Lust, etwas Unsinniges zu tun. Ich war neugierig, das Fahrrad zu sehen, das heißt zu sehen, was passieren würde. Dass etwas passieren würde, wenn wir erst einmal in Colliers Wood waren, davon ging ich aus.

Mit einem langen, tiefen Zug tranken wir unsere Gläser aus. Die Türsteher hatten die Eingangstüren schon weit aufgerissen, ein kühler Windzug strömte herein. »*Closing time*!«, brüllten die Kellner, »geht zur Tür und bleibt ruhig auf der Straße!« Alle taten so, als würden sie es nicht hören, und verließen das Pub so, als wollten sie sowieso gerade gehen. Auf dem Bürgersteig staute sich die laut lachende, ausgelassen lärmende Menge. Ausländische Besucher lachen oft darüber, dass die Londoner im 21. Jahrhundert noch immer um 23 Uhr, sonntags sogar noch eine halbe Stunde früher, aus ihren Pubs geworfen werden. Während ich dies schreibe, liegt dem britischen Oberhaus ein Gesetzesentwurf der Labour-Regierung zur Abstimmung vor, der der lächerlich frühen Sperrstunde endlich ein Ende machen soll. Doch ich habe die Sperrstunde in London immer als Vorteil erlebt. Wenn man um 23 Uhr aus dem Pub geworfen wird, ist man meist um Mitternacht im Bett und am nächsten Morgen wieder frisch. Zeit zu reden und zu trinken hatte ich trotzdem immer ausreichend. Man muss nur früh genug am Tag damit anfangen.

Während der Fahrt mit der U-Bahn redeten Tut-tut und ich kaum. Zum ersten Mal waren wir außerhalb des Pubs zusammen. Die Situation ließ uns verkrampfen. Die frische Bahnsteigluft hatte meine Lust auf Unsinn in etwas anderes verwandelt: Jetzt fühlte ich mich nur noch unsinnig.

Wir hatten nicht besprochen, was wir machen wollten. Am Piccadilly stiegen wir in den Bus um, ich hatte den Verdacht, um langsamer zu sein, um die Ankunft herauszuzögern. London zog vorbei, eine Stadt, die sich am Sonnenlicht der vergangenen Tage überfressen hatte und nun, in der erfrischenden Kühle der Sommernacht, in einen zufriedenen Schlummer gefallen war. Als wir die Themse überquert hatten, wurden die Straßen langsam, aber sicher breiter, die Häuserfassaden an ihren Seiten waren matt, vom Leben entkräftet. Der verdammte Süden.

Tut-tuts Familie lebte in einer kurzen Straße mit Reihenhäusern, die sich nur in der Farbe der Türen voneinander unterschieden. Tut-tut bückte sich vor einer roten Tür und suchte im Licht der Laterne den richtigen Schlüssel.

»Tut-tut«, sagte ich.

»Schhhh«, sagte er. Mir kam die Situation absurd vor, anderseits fühlte ich mich mittlerweile zu unwohl, um darüber lachen zu können.

Das Haus war still, der Teppich dick und tief, ich nahm eine riesige Vase im Eingang wahr, dann folgte ich nur noch Tut-tut. Die Tür zur Terrasse knarrte, als Tut-tut den Griff herunterdrückte. Für einen Moment erstarrten wir. Im Haus blieb es still.

Der Rasen war nass, die Feuchtigkeit der Nacht hatte sich schon auf das Gras gelegt. Nach sechs, sieben Schritten waren wir am Schuppen. Ich sah sofort, dass die Tür nur angelehnt war.

»Und jetzt?«, flüsterte ich.

»Wir bringen Fahrrad in Sicherheit«, sagte Tut-tut. »Zu dir.«

»Zu mir?! Tut-tut…«

»Schhhh.«

Ich fühlte mich auf einmal sehr nüchtern.

»Okay«, sagte er, »du hast Recht. Wir müssen es hier lassen und uns Besseres einfallen lassen.« Während er redete, öffnete er die Tür. Ich bemerkte, wie sein Blick etwas im Schuppen fixierte. Er verstummte und ließ den Blick unbeweglich auf dem Etwas ruhen.

»Was ist?«, flüsterte ich.

»Nichts«, sagte er.

»Was nichts?«

Er stieß die Schuppentür auf, Bitterkeit hatte sich über sein Gesicht gelegt. »Nichts ist mehr. Fahrrad ist weg.«

Wir starrten schweigend auf das dunkle Nichts im dunklen Schuppen. Wir konnten nicht mehr reden. Etwas war verschwunden in jenem Moment, etwas das kostbarer ist als ein Mountainbike, wir spürten es wohl beide: das Vertrauen unter Komplizen. Es war mitten im Juli, und der Sommer '99 war zu Ende.

Tut-tut kam nicht mehr ins *Slug & Lettuce* nach jener Nacht. Der Gedanke an unser letztes Treffen verfolgte mich noch eine Weile: War er beleidigt oder schämte er sich? Glaubte er, ich würde das Fahrrad für ein Hirngespinst halten? Das dachte ich wirklich manchmal. Aber andererseits, wenn es kein Rad gab, warum hätte er mich dann nach Colliers Wood mitnehmen sollen? Vielleicht war es tatsächlich so gewesen, dass jemand es in jener Nacht aus dem Schuppen entfernt hatte. Vielleicht. Warum nicht? Es gab unglaublichere Zufälle.

Ich sah ihn nie wieder. Nur einmal, als ich mit meiner Freundin an der Themse spazieren ging, glaubte ich, ihn von hinten zu erkennen. Er überholte uns, wenn er es denn war, auf einem silbernen Mountainbike. Und schon war er aus unserem Blickfeld verschwunden.

Londoner III:
Emily Richard

Emily Richard unterwegs in den Straßen von Little Venice, Maida Vale:

Ich werde Ihnen eine Geschichte erzählen, und Sie können dann entscheiden, ob Sie sie glauben oder nicht. Ich habe diese Geschichte so gehört.

Können Sie lesen, wie das Haus hier heißt? Hier, rechts direkt vor uns. Richtig: *Fleming Court*. Es ist benannt nach Sir Alexander Fleming, dem Erfinder des Penizillins.

Nun, Fleming wurde als Sohn armer Bauern in Schottland geboren. Eines Tages, es war Winter, ging er zum See am Dorfrand, der mit einer zarten Eisschicht bedeckt war, und sah dort eine Gruppe aufgeregter Kinder. Die Kinder hatten die Widerstandsfähigkeit des Eises mit Stöcken getestet, und weil sie dabei mit der Zeit die Vorsicht vergessen hatten, war eines von ihnen in den See gefallen. Es drohte zu ertrinken. Fleming überlegte nicht. Er sprang ins eisige Wasser und zog das Kind an Land.

Überwältigt vor Freude und Glück sagten die Eltern des Geretteten zu Fleming: »Wir möchten dich für deinen edlen Mut entschädigen.« Doch Fleming erwiderte: »Ich will kein Geld, denn finanzieller Gewinn war nicht der Grund, aus dem ich Ihren Sohn gerettet habe.« Dann bat der Vater Fleming, die Schuld auf andere Weise zurückzahlen zu dürfen: »Wir werden dich zur Universität nach London schicken und für deinen Unterhalt aufkommen.« So kam es.

An der London Medical School stieß Fleming bei seinen Forschungen auf das Penizillin. Mit der Familie des geretteten Jungen blieb er in engem Kontakt, auch als dieser groß wurde und nach Afrika ging. Von dort erhielt Fleming eines Tages einen Brief, in dem der Junge berichtete, er sei an einem schweren Lungenleiden erkrankt. Fleming schickte ihm etwas von seinem neu gefundenen Wirkstoff und wies in seinem Brief darauf hin, dies könne vielleicht die Krankheit bremsen. So rettete Fleming demselben jungen Mann zweimal das Leben. Dieser junge Mann war – Winston Churchill.

Nun, ich wiederhole mich, Sie können die Geschichte glauben oder nicht. Ich habe sie so gehört.

Für mich ist das die Schönheit Londons: die Verbindungen. Wir stehen vor einem Haus, dem *Fleming Court*, und das verbindet uns mit Alexander Fleming, das führt uns zum Erfinder des Penizillins. An jeder Ecke in London kann man Geschichte spüren. Seit ich vor sieben, acht Jahren begonnen habe, als Fremdenführerin für *London Walks* Touristen auf Spaziergängen durch die Stadt zu begleiten, lese ich wie verrückt. Ich lese alles über London, was ich in die Finger bekomme, und wenn ich dann draußen in der Stadt bin und die Verbindungen herstellen kann, dann bebe ich. Wenn mir klar wird: Hier in dieser Kirche, an dieser Stelle, stand vor vierhundert Jahren der Dichter John Donne, von dem du gestern gelesen hast. Hier in *St. Mary's on Paddington Green* trug er 1615 zum ersten Mal seinen Sermon »Ein Mann ist keine Insel« vor. Diese Energie, die London in solchen Momenten ausstrahlt, ist eine ganz spezielle Energie, eine Energie, die sich aus der Geschichte speist. Einmal war ich bei Prinz Charles zum Abendessen im Buckingham Palace eingeladen. Ich arbeite hauptberuflich als Schauspielerin und bin damals sehr viel in der *Royal Shakespeare Company* aufgetreten, deren

Schirmherr Charles ist, deswegen waren wir zum Dinner eingeladen. Und als ich die Treppe zum Palast hinaufging, kam mir wieder eine dieser *Verbindungen* in den Sinn. Ich dachte an all die Könige, Königinnen, Präsidenten, die hier hinaufgegangen waren. Ich dachte an die Vergangenheit und die Zukunft Londons. Und ich zitterte vor Erregung.

Schauspielern ist ein harter Job in London. Aber wo ist es das nicht? Vor allem jedoch ist es der prächtigste Job der Welt. Ich spiele Theater, ich leihe meine Stimme Figuren in BBC-Hörspielen, ich spiele in Filmen. Einmal habe ich in einer Steven Spielberg-Produktion mitgewirkt, *The Empire of the Sun* – haben Sie nicht gesehen? Dann leihen Sie sich das Video aus! Die Schauspielerei bringt mich zum Lachen, sie bringt mich zum Weinen. Sie öffnet mir die Augen. Fremdenführerin wurde ich, weil meine Tochter mit der Tochter der Geschäftsführerin von *London Walks* in die Schule ging, und die Frau mich eines Tages ansprach. In gewisser Weise ist Fremdenführen auch Schauspielerei. Du unterhältst die Leute.

Randolph Avenue, die Straße, durch die wir gerade gehen, gab uns übrigens den Begriff *randy*. Man kann es sich angesichts der prachtvollen Häuser nicht vorstellen, aber im 19. Jahrhundert standen hier Edelbordelle. Zum Zeichen, dass sie im Dienst waren, hingen die Dirnen ein rotes Taschentuch aus dem Fenster. Sicher wissen Sie, was *randy* bedeutet? Nein?! Nun, wie soll ich es ausdrücken – *randy* heißt: sexuell bereit sein.

Wir gehen bei jedem Wetter, mal kommen zwei Leute, mal dreißig, und immer ist es die Sache wert. Wind oder Kälte stören mich nicht, nur der Regen erschwert meine Arbeit. Die Leute haben wenig Lust stehen zu bleiben, wenn ihnen der Regen den Nacken herunterläuft. Es kommen natürlich viele Amerikaner zu den Spaziergängen. Ich mag Amerikaner wirklich sehr, sehr gerne. Sie sind einfach an allem interessiert. Du gibst ihnen einen Fetzen Information und sie beißen sofort an, sie wollen mehr wissen.

Und dann gibt es die Leute, bei denen ich sofort weiß: Ich werde ihnen nicht geben können, was sie wollen, ich werde sie nicht zufrieden stellen können. Was sich diese Leute von der Führung erhoffen? Ich weiß es nicht. Gott, wenn ich es nur wüsste! Jeder Fremdenführer macht es anders. Vielleicht wären diese Leute mit einem anderen auf derselben Tour glücklich, aber was ich wichtig finde, sind die Verbindungen, die Geschichte, die hinter jeder Londoner Ecke steckt. Wenn die Leute ein Haus anschauen oder eine Straße oder einen Kanal, dann müssen sie sich vorstellen können, was dort vor zweihundert Jahren geschehen ist oder gerade jetzt geschieht. Einmal habe ich eine Gruppe durch Hampstead geführt und von Marie Stopes erzählt, die eine Pionierin der Geburten-kontrolle war und in Hampstead lebte. »Es ist nicht dein Ver-dienst, wenn du mit 16 schön bist«, sagte Stopes, »doch wenn du mit 60 immer noch schön bist, so ist es deine Seele, die durchscheint.« Und Jahre später erhielt ich einen Anruf aus Frankreich: Sie seien mit mir damals auf einer Tour durch Hampstead gewesen, und bald würde einer von ihnen seinen sechzigsten Geburtstag feiern, wozu der Festredner gerne Marie Stopes zitieren würden. Wie laute gleich nochmal die-ses wunderbare Zitat?

Freundschaften, richtig gute Freundschaften sind mir durch meine Arbeit als Fremdenführerin zugefallen. Du bist zwei Stunden auf den Bürgersteigen dieser Stadt unterwegs, schutzlos, nur du, das Wetter und die Leute. Klar, dass man sich kennen lernt. Lassen Sie mich zählen: Sieben, acht, neun, zehn – zehn Freunde, die ich auf den *London Walks* gefunden habe, haben schon bei uns zu Hause in West Hampstead über-nachtet, Leute aus Amerika, aus Israel. Oh, aber verstehen Sie mich nicht falsch: Wir sind kein Hotel.

Meine Tochter ist jetzt aus dem Haus, sie studiert in Edin-burgh Englische Literatur. Gerade in diesem Moment schreibt sie eine Klausur, wir müssen die Daumen drücken. Mein Sohn ist 17, er trägt einen Parker der deutschen Bundeswehr.

Ich habe mir denselben gekauft, er gefällt mir. Als meine Kinder geboren wurden, sind viele aus meiner Generation aus London weggezogen, aufs Land. Aber ich habe zu Edward, meinem Mann gesagt: »Nein. Ich will, dass unsere Kinder in London groß werden. Sie sollen lernen, wie man mit der U-Bahn fährt. Sie sollen wissen, wie man zur *National Portrait Gallery* kommt.« Ich habe diese Entscheidung nie bereut. Ich selbst habe mein ganzes Leben in London verbracht. London ist kein Furcht erregender Ort. Und London wird auch noch in zwanzig Jahren eine wundervolle Stadt sein. Ich habe keine Angst, hier alt zu werden, im Gegenteil. Meine Mutter ist über achtzig und lebt mitten in der Stadt, nahe dem Sloane Square. Ich bin froh darüber: Sie hat die Galerien, die Theater, alles in ihrer Nähe. Wenn sie auf dem Land lebte, würde ich mir Sorgen machen.

Wir kommen jetzt zu dem Kanal, der entscheidend dazu beigetragen hat, dass dieses Viertel den Namen *Little Venice* erhielt. Sie werden gleich die schönen Hausboote sehen, das ruhige, majestätische Wasser, ein Idyll. Aber ich will Ihnen eine Geschichte erzählen, die Ihnen zeigt, dass das nicht immer so war – eine Geschichte, die ich im Radio gehört habe, die also stimmen wird. Aber die letzte Entscheidung über ihren Wahrheitsgehalt überlasse ich natürlich Ihnen.

Der Kanal, der bis nach Birmingham fließt, wurde 1820 nicht zum Müßiggang angelegt, sondern als Verkehrsweg, und die Leute die hier lebten, die Kanalarbeiter, waren bis tief ins 20. Jahrhundert bitterarm. Zwei Mädchen aus solchen Familien trafen einmal im Regent's Park auf zwei Mädchen aus wohlhabenderem Hause. »Um reich zu werden, um euer Geld zu vermehren, müsst ihr es in eine Bank tun«, erklärte eines der wohlhabenden Mädchen. Also vergruben die Mädchen der Kanalarbeiter später die wenigen Groschen die sie besaßen in einem Erdloch am Kanalufer. Denn das Kanalufer, *the riverbank*, war die einzige Bank, die sie kannten.

So teuer

London ist sehr billig.

Wenn man Fußballklamotten kaufen will. Am unteren Ende der North End Road in Fulham, London SW6, gibt es ein Sportgeschäft namens *Soccer Scene*, wo zwölf Monate im Jahr die Ausverkauf!-Schilder im Fenster hängen. Drinnen gibt es Fußballschuhe aller großen Marken ab 24 Pfund (33 Euro), exzellente Torwarthandschuhe schon ab 20, die kurze Sporthose zu 8 Pfund. All das würde in Deutschland mindestens das Doppelte kosten. Ich weiß nicht, wie sich der Laden diese Preise leisten kann. Aber da, abgesehen von den Geschäften in der Innenstadt, Fußballutensilien nirgends in London viel teurer zu sein scheinen, wird es wohl daran liegen, dass Fußball in England als eine Art Grundnahrungsmittel gilt, das für jeden erschwinglich sein muss.

Das Problem fängt damit an, dass die meisten Besucher weniger der Torwarthandschuhe wegen nach London kommen und selbst ein Londoner von Fußballhosen allein nicht satt wird. Fußballklamotten – und Kontaktlinsen – sind jedoch die einzigen Sachen, von denen ich nach über fünf Jahren in London sagen kann, dass sie billiger als auf dem Kontinent sind.

Es gibt die unterschiedlichsten Zeitungsartikel, in denen mal Moskau, mal London als die teuerste Stadt Europas bezeichnet wird, und in New York soll angeblich ja alles noch viel schlimmer sein. Was auch immer davon letztendlich stimmt, wir können uns sicherlich auf Folgendes einigen: Man hat in London auf jeden Fall das Gefühl, in der teuersten Stadt der Welt zu sein. Das fängt für Besucher gleich nach der Ankunft an. Man hat einen dieser neuen, tollen Billigflüge erwischt, die es nun von fast überallher gibt, für 39 oder 59 Euro hin und zurück – und zahlt dann für den Rückfahrschein von den Flughäfen Stansted oder Gatwick in die Innenstadt mit dem Zug 30 Euro. Der Preis für die U-Bahn, die man anschließend nehmen muss, ist selbstverständlich nicht mit inbegriffen.

Nach zwei Tagen, an denen die Besucher in einem dunklen Doppelzimmer im Untergeschoss eines Zwei-Sterne-Hotels für 160 Euro genächtigt, mittags in einem Café, das keine Toilette besitzt, für 13 Euro zwei Sandwichs und zwei Mineralwasser gekauft, und abends 60 Euro pro Karte gezahlt haben, um Elton John in der Wembley Arena singen zu hören (Plätze mit beschränkter Sicht), verändern sich viele von ihnen körperlich. Man erkennt sie dann schon von weitem an diesem faszinierenden Blick in ihren Gesichtern: entgeistert, entkräftet, aber gleichzeitig auch besessen auf der Jagd. Einerseits sind sie völlig verstört, anderseits wie magisch angezogen von den Preisen, die das Leben in London hat. Sie reden über nichts anderes (»Hast du gesehen, was ich gerade für den Regenschirm gezahlt habe?! Ein Wahnsinn!«). Statt wie geplant die Amaravati Skulpturen im *British Museum* studieren sie die Angebote in den Fenstern der Immobilienmakler (»super-funky Drei-Zimmer-Wohnung in der Hereford Road, W2, zu vermieten, 1050 Pfund die Woche«) und haben vor allem eine Frage: »Wie machen das bloß die Leute hier?«

Gute Frage. Die stellen sich die Londoner selbst auch immer wieder.

Nach diversen Berechnungen und Untersuchungen ist es für Londoner billiger, zum shoppen nach Italien zu fliegen, als in die eigene Innenstadt zu gehen. Zum Sparen, riet der *Daily Telegraph* seinen Lesern im September 2003, sollten sie zwei, drei Tage nach Korfu oder Rom fliegen, denn ein kompletter Wochenendausflug in den Süden Europas koste weniger als »zwei Tage Spaß zu Hause«.

Es ist paradox: Obwohl London die reichste Stadt Europas ist, sind seine Bewohner arm dran. Die Gehälter in London mögen dreißig Prozent über dem britischen Durchschnitt liegen, weil aber die Lebenshaltungskosten noch viel höher sind, haben die Londoner einen niedrigeren Lebensstandard als die Bürger im restlichen Land.

Doch 7,5 Millionen Einwohner können nicht allesamt so selbstzerstörerisch sein, dass sie sich mit Freuden finanziell ruinieren, nur um in dieser schönen Stadt zu sein. Es gibt durchaus einige rationale Erklärungen dafür, dass die Londoner mit den immens hohen Lebenskosten zurechtkommen. Und es gibt eine simple, aber nichtsdestotrotz todsichere Methode, die durchaus auch von Besuchern angewandt werden kann: Einfach nicht darüber nachdenken, wie viel man gerade ausgibt.

Was Besucher gerne vergessen, ist, dass die Einwohner einer Stadt ja nicht wie Touristen leben. Wer auf Städteurlaub ist, gibt doch quasi permanent Geld aus: zweimal am Tag ins Restaurant, hier noch ein Kaffee, dort noch eine neue Hose, weil die nette Boutique so einladend aussieht, bevor es ins Musical geht – klar, dass man dann nach drei Tagen das Gefühl hat, London sei auf 365 Tage im Jahr unbezahlbar. Da die Londoner, die nicht selten zehn Stunden am Tag arbeiten und im Schnitt 102 Minuten von zu Hause zur Arbeit und zurück brauchen, in ihrer Freizeit durchaus mit ihren Partnern im Wohnzimmer sitzen, fernsehen, lesen oder mit den Kindern im Park spazieren gehen, sind die Tage beschränkt, an denen sie sich ein Drei-Gänge-Menü für fünfzig Pfund pro Person gönnen, dann auf die King's Road zum shoppen und schließlich ins Kino gehen.

Selbst Londons großer Schrecken, die Wohnungs- und Mietpreise, wirkt von nahem betrachtet nicht mehr ganz so Angst einflößend. Auf den ersten Blick ist es jedoch empörend: Die Mieten sind bis zu 56 Prozent höher als in anderen britischen Großstädten. Eine ganz normale Zwei-Zimmer-Wohnung mit Bad und Küche, 55 Quadratmeter, in einer ganz normalen Gegend wie Hammersmith, relativ zentral verschlingt 220 Pfund (308 Euro) die Woche. Dass die Mietpreise pro Woche berechnet werden, ist übrigens eine weiterhin gängige britische Gepflogenheit. Einfach den Wochenpreis mit vier multiplizieren ergibt aber noch lange nicht die Monatsmiete. Sondern: Den Wochenpreis mal 52 (Wochen) und geteilt durch 12 (Monate). Ebenso hat sich die Sitte erhalten, grundsätzlich *nicht* die Quadratmeter beziehungsweise die *squarefeet* der Wohnung anzugeben. Genannt wird als einziger Hinweis auf die Größe stattdessen einfach die Anzahl der *bedrooms*, der Zimmer. *Wie* groß die Zimmer dann letztlich sind, wird zu einer Überraschung bei der Besichtigung. Das Einzige, was man von manchen Vermietern oder Maklern vielleicht vorneweg erfahren kann, ist, ob es sich um *single bedrooms* oder *double bedrooms* handelt, um kleine oder große Zimmer. Und um die Verwirrung bei Fremden noch zu vergrößern: Ein *one-bedroom-flat* ist eine Zwei-Zimmer-Wohnung, ein *two-bedroom-flat* eine Drei-Zimmer-Wohnung und so weiter, weil das Wohnzimmer nie mitgezählt wird. Eine Ein-Zimmer-Wohnung nennt sich *studio-flat*. Diese Art der eher vagen Zustandsbeschreibungen setzt sich in England bis zum Friseur fort, wo Männer einen Schnitt *Number one* oder *Number two* verlangen können. Der Friseur weiß dann, welche Klinge er auf die Rasiermaschine setzen muss, das heißt ob er die Haare kurz oder ganz kurz schneiden soll. Mehr Informationen hält eine Vielzahl englischer Herrenfriseure vor dem Schneiden nicht für nötig.

220 Pfund Miete die Woche für ein *one-bedroom-flat* – für Kontinentaleuropäer: 1334,66 Euro im Monat für 55 Quadratmeter, ohne Nebenkosten – sind also in London kein Wahnsinn, sondern Normalität. Aber nur eine Minderheit bezahlt sie. Denn Engländer mieten nicht. Wie auch Spanien oder Schweden gehört Großbritannien zu den Ländern, in denen siebzig bis achtzig Prozent der Menschen ihre Häuser oder Wohnungen kaufen. Die Mietwohnungen in London werden in der Mehrzahl von Zugereisten bezogen, die nur kurzzeitig zu bleiben planen und die nicht selten von ihren Firmen großzügige Zulagen bekommen.

Nun erscheint es beim Blick in die Schaufenster der Immobilienagenturen auch nicht gerade günstig, Häuser oder Wohnungen zu kaufen. In Balham, tief im Süden der Stadt, ist für 450 000 Pfund ein »prestigeträchtiges Vier-Zimmer-Haus in einer umsorgten Gegend« zu haben (die Makler in London haben ihre ganz eigene Sprache entdeckt). Dies ein ganz normales, sehr durchschnittliches Beispiel. Wer eine »charmante und außergewöhnlich geräumige Drei-Zimmer-Reihenhaushälfte« in der Hollywood Road in Chelsea bewohnen möchte, zahlt 640 000 Pfund.

Vermutlich können in London nicht viel mehr oder nicht viel weniger Leute solche Häuserpreise bezahlen wie in München oder Frankfurt. Bloß es wird ihnen einfacher gemacht. Kredite sind in Großbritannien leichter und flexibler zu bekommen. Lehrern gewährt das Kulturministerium sogar zinslose Darlehen von bis zu 100 000 Pfund für den Wohnungskauf, wenn sie in die teure Hauptstadt ziehen. So zahlen Wohnungsbesitzer in London grundsätzlich weniger im Monat, um ihren Kredit abzutragen, als sie die Miete kosten würde. Und am Ende des Tages gehört das Apartment auch noch ihnen.

Ich habe fünf Jahre lang Miete gezahlt, die letzten zwei Jahre 800 Pfund im Monat, für ein dunkles *one-bedroom-flat*, das andernorts allenfalls als Maulwurfsbehausung durchgegangen wäre. Ich dachte fünf Jahre lang, was soll ich eine Wohnung kaufen, wenn ich nicht weiß, ob ich nächstes Jahr noch hier bin, und lachte über einen österreichischen Bekannten, der sich ein Haus gekauft hatte, und, um sich eines leisten zu können, nach Herne Hill gezogen war, eine trostlose Vorhölle Süd-Londons, tönte ich. Fünf Jahre später habe ich, mir fällt kein treffenderes Bild ein – so abgegriffen es sein mag –, circa 45 000 Pfund an Mieten aus dem Fenster geworfen. Und er hat sein Haus in der Vorhölle verkauft, mit 113 000 Pfund Gewinn – der übliche Irrsinn des Londoner Immobilienmarkts –, nachdem er schon fünf Jahre lang jeden Monat weniger abgezahlt als ich Miete geblecht hatte. Ich weiß nicht, was er heute macht, aber ich lache nicht mehr über ihn.

Dass es also nicht unmöglich teuer ist in London zu leben, ändert natürlich nichts daran, dass es immer noch teuer ist. Dies hat dazu geführt, dass es in einer Stadt mit sehr vielen Singles sehr wenige Single-Haushalte gibt. Die Wohngemeinschaft ist in London weder Studentenidylle noch Ausdruck romantischer Weltanschauung, sondern selbst für viele Mittdreißiger, aber besonders für *first buyer*, junge Wohnungsbesitzer, und Berufsanfänger eine Zwangsläufigkeit zur Kostenminimierung. Ausländische Glückssucher, die erst einmal irgendeinen Job machen, nur um in London sein zu können, strapazieren dabei den Begriff »WG« aufs Äußerste: Wie viel Gemeinschaft passt in eine Wohnung? – Zehn Leute in ein *three-bedroom-flat*, sechs in ein *studio-flat*. Australier haben es bei dieser Art des gedrängten Wohnens zu besonderer Berühmtheit in London gebracht, aber die Zwei-Leute-in-einem-Zimmer-WG ist unabhängig von der Nationalität unter vielen jungen Auslandslondonern verbreitet.

Aber mit der Miete hört es ja nicht auf. Das unübertroffene Symbol des *rip-off London*, des Wucher-Londons, ist die *council tax*, eine Gemeindesteuer, mit der jeder für seine bloße Anwesenheit in Großbritannien zu zahlen hat. Abgerechnet wird pro Haushalt, je nach Größe von Haus oder Wohnung. Das klingt immer noch dezenter als die legendäre *poll tax*, die Premierministerin Margaret Thatcher 1990 einführte, eine Art mittelalterliche Kopfsteuer, mit der jeder Brite für seine bloße Existenz bezahlen sollte.

In den Geschichtsbüchern hat Thatchers Kopfsteuer einen festen Platz. Denn sie war das eine Drangsal zu viel, das die Eiserne Lady ihrem Volk zumutete. Am 31. März 1990 demonstrierten 250000 Menschen am Trafalgar Square gegen die Abgabe, wo es daraufhin, wie auch anderswo im Land, zu wilden Straßenschlachten kam. Und der Rest ist Geschichte. Die Empörung, die jene Steuer entfesselt hatte, vibrierte, multiplizierte und kanalisierte sich. Wenige Monate später wurde die Premierministerin von ihrer eigenen Partei gestürzt, der Putsch wurde angeführt von Thatchers Ziehsohn John Major.

Im Jahr 2003 erreichte die *council tax* nahezu die Ausmaße der damaligen *poll tax*. Jährlich 854 Pfund zahlte jeder Haushalt nun im Durchschnitt an Gemeindesteuern; in nur sechs Jahren waren diese um siebzig Prozent erhöht worden. Doch was in den Rezessionsjahren unter Thatcher ein Grund zur Rebellion war, ist im prosperierenden, wenngleich nicht mehr unbedingt boomenden Britannien des jungen neuen Jahrtausends allenfalls Grund für ein kurzes irritiertes Gebrummel und ein abschließendes, klassisch londonerisches: *Well, we have to get on with it.*

Und so machen die Londoner weiter, in meinem Viertel Fulham zum Beispiel, seit Jahren mit Gemeindesteuern, die zu den höchsten im Land zählen, 18 Prozent über dem Durchschnitt. Obwohl weder unser Viertel und schon gar nicht unsere Gemeindeverwaltung zu den am höchsten angesehenen des Landes gehören. Doch die Höhe der *council tax* wird von den einzelnen Gemeinden selbst festgelegt. Und da das *Council of Hammersmith & Fulham* 1991 188 Millionen

Pfund seines Vermögens – das ja das seiner Bürger ist – mit hochspekulativen *Future*-Scheinen an der Börse verspielt hatte, kam den Ratsherren die sehr originelle Idee, dass ihre Bürger den Verlust mit besonders hohen Gemeindesteuern wieder wettmachen sollten. Ob sich die Gemeinde dadurch tatsächlich sanieren kann, ist allerdings nicht so sicher. Im Oktober 2003 wurde bekannt, dass das *Council of Hammersmith & Fulham* in den zwölf vorangegangenen Monaten erneut 120 Millionen Pfund aus dem Rentenfond seiner Bürger bei Aktienspekulationen verloren hatte.

Doch London wäre nicht London, die Stadt der niemals endenden Widersprüche, wenn nicht ausgerechnet die Gemeinden und die Regierung einige der preiswertesten Kostbarkeiten in der teuersten Stadt garantieren würden. Es gibt die makellos gepflegten öffentlichen Parks, die Tennisplätze der Gemeindeverwaltung, auf denen für ein paar Pfund jeder spielen kann, das Büro für kostenlose Rechtsberatung des *Council of Hammersmith & Fulham*. Und der Eintritt in staatliche Museen ist grundsätzlich frei, auch in weltberühmte Häuser wie die *Tate Modern* oder das *Victoria & Albert Museum*. Dass eine Sonderausstellung in der *Tate* dann allerdings gleich wieder zehn Pfund Eintritt kosten muss, ist eine andere Sache. London eben.

Ich gewöhnte mich nach einiger Zeit in der Stadt tatsächlich an die Preise, sie waren ja der Alltag, die Normalität. Schwieriger war, die Unverfrorenheit zu ertragen, mit der man trotz des vielen Geldes zu oft schlechten Service oder miese Qualität vorgesetzt bekommt: Restaurants, die neun Pfund für die Pizza Margherita verlangen, und einen dann in einen dunklen, mit Tischen und Stühlen geradezu verrammelten Kellerraum quetschen, ohne Beinfreiheit, aber dafür mit feuchten Wänden sind keine Seltenheit, oder Kaffeehausketten wie *Coffee Republic*, die, ohne dabei rot zu werden, bekannt geben, ab sofort müssten die gemütlichen braunen Ledersofas aus allen Filialen verschwinden. »Wir fühlen, dass es keine profitable Art war, dass die Gäste dort für eine Stunde oder sogar länger herumsaßen und an einer einzigen Tasse Kaffee herumdokterten«, erklärte Bobby Hashemi, der Vorsitzende der *Coffee Republic*. Aber natürlich, eine solche Skrupellosigkeit können sich Unternehmen in London problemlos leisten: Zu viele Menschen leben hier, permanent kommen noch mehr Besucher, die Nachfrage ist immer da – warum also soll das Angebot gut sein, wo es doch reicht, überhaupt etwas anzubieten?

Well, we have to get on with it. Mit der Zeit kennt man die Restaurants, wo es nicht nur teuer ist, sondern auch gutes Essen gibt und vielleicht sogar gemütlich ist. Man kennt die Cafés, wo es nicht nur Sofas gibt – sondern sogar Toiletten! Und irgendwann findet man dann sogar außergewöhnliche Restaurants, die gar nicht sooo teuer sind, wie das polnische *Patio* in der Goldhawk Road. Man entdeckt, dass es günstige Programmkinos wie das *Prince Charles* oder das *Riverside* gibt. Man stößt auf majestätische Läden wie *Henry Pordes Books* in der Charing Cross Road, in denen sich gar ein Schnäppchen machen lässt.

Wenn es einmal soweit ist, dann lauert die wirkliche Gefahr, über Gebühr viel Geld auszugeben, auf einmal auf Reisen im Ausland: Dort kam mir aus Londoner Sicht plötzlich alles so preiswert vor, dass ich glaubte, in München alle Freunde zum Essen einladen zu können, in Turin gleich vier Pullover kaufen zu können. In der Summe gab ich viel mehr Geld aus, als ich es in London je getan hätte; als ich mir hätte leisten können.

Man kann im Londoner Leben leicht die Relationen verlieren im Hinblick auf die Frage, ob etwas teuer ist oder nicht, wie viel etwas kosten darf und wie viel nicht. Ich erinnere mich diesbezüglich, wie ich gemeinsam mit meinem Londoner Freund Ian in Barcelona Spanischunterricht bei einem Privatlehrer nahm. Ich hatte den Lehrer ausfindig gemacht.

»Was verlangt er denn?«, fragte mich Ian.

»Achtzig Euro die Stunde, wenn ich es richtig verstanden habe.« Deshalb wollte ich ja Spanischunterricht: weil ich die Sprache nicht richtig verstand. Ian und ich sahen uns einen Moment an.

»Na ja, ist ja achtzig Euro durch zwei. Also, nur vierzig für jeden.«

»Genau.«

»Und es ist Privatunterricht.«

»Klar.«

»Nicht so viel, oder?!«

»Nicht so viel, nein.«

Die erste Stunde kam. Pedro, der Sprachlehrer, war exzellent, und als es ans Zahlen ging, zückten Ian und ich jeweils einen Fünfzig-Euro-Schein.

»Oho, *chicos*!«, Pedro bekam große Augen. »Das kann ich nicht wechseln. Habt ihr es nicht kleiner?«

Nein, kleiner hatten Ian und ich es nicht, und unser verlegenes Schweigen machte Pedro nervös. Ian und ich sagten vor allem deshalb nichts, weil jedes Wort Spanisch eine Anstrengung zu viel schien. Aber Pedro fühlte sich durch die Stille offenbar angeklagt, gedrängt, sich zu rechtfertigen.

»*Chicos*, dann zahlt ihr halt beim nächsten Mal. Okay? Ich vertraue euch, und ihr sollt wissen, dass ihr mir auch vertrauen könnt: Achtzehn Euro die Stunde ist immer mein Preis; achtzehn Euro, egal von wem.«

»Äh, natürlich«, sagte ich.

Die Entdeckung der Moderne

Zu behaupten, Gavin Turks neuestes Kunstwerk sei ziemlicher Müll, ist nicht gewagt. Sondern nur korrekt: Es ist ein Haufen Abfall. Sein Werk *Pile*, das erstmals Anfang 2004 in der *White Cube Gallery* im Stadtteil Hoxton ausgestellt wurde, besteht einzig und allein aus sechs gut gefüllten schwarzen Müllsäcken. Nur wenn man ganz nah herantritt, erkennt man, dass es gar keine gewöhnlichen Plastiktüten sind, sondern nur ihr Abbild, raffiniert gefertigt aus schwarz übermaltem Bronzeguss.

Der Humor, der in dem *Pile* – zu deutsch: Haufen – steckt, ist leicht zu erkennen. Turk, der zu den bekannteren Figuren der Bewegung zeitgenössischer britischer Künstler *BritArt* gehört, schlägt die Pauschalkritiker der modernen Kunst mit ihren eigenen Worten. Denen, die ihm mit dem Totschlagargument kommen, das sei doch alles nur Müll, hält er entgegen: Schaut doch mal genau hin.

Die Debatte, ob moderne Kunst überhaupt Kunst sei, mag Kontinentaleuropäern oder Amerikanern rückständig vorkommen. In Deutschland habe man sich vor dreißig Jahren über die Fettecken von Joseph Beuys aufgeregt, sagt der in London lebende, deutsche Künstler Wolfgang Tillmans, kein Mensch mehr würde sich dort noch um einen Haufen Müllsäcke kümmern. In London jedoch landete der ganze Müll gleich am Tag nach der Eröffnung von Turks Ausstellung auf der Titelseite des angesehenen *Independent.* »Zu verkaufen: ein Schrott-Kunstwerk für 80 000 Pfund« lautete die Überschrift. Das Foto der Müllsäcke nahm ein Drittel der Seite ein. London hat die Fähigkeit nicht verloren, über Werke seiner jungen Künstler zu staunen und sich darüber aufzuregen, mögen diese dem Rest der Kunstwelt auch ziemlich veraltet erscheinen.

Dass sich ausgerechnet eine Stadt wie London, die in den populären Künsten wie Musik, Video, Mode rasend schnell die Trends wechselt, in der zeitgenössischen Kunst an vergangene Epochen klammert, hat allerdings seinen Grund: London als moderne Kunststadt wurde erst in den Neunzigern geboren, als die Bewegung *young British art* (yBa) mit Protagonisten wie Damien Hirst und Sarah Lucas weltweites Aufsehen erregte. Für uns alle, die wir uns in den zurückliegenden zehn Jahren an das Bild Londons als Epizentrum des letzten Schreis gewöhnt haben, mag diese Tatsache überraschend, ja geradezu verwirrend sein. Doch tatsächlich war London noch Ende der achtziger Jahre »ein Randgebiet der zeitgenössischen Kunst«, wie sich Tillmans erinnert, der 1990 nach London zog und zehn Jahre später mit der wichtigsten britischen Kunst-Auszeichnung, dem Turner-Preis, dekoriert wurde: »England ist einfach immun gewesen gegen moderne Kunst. Es gab hier nicht mehr als fünf Galerien und eine winzige *Pop Art*-Szene. Man hatte zwanzig, dreißig Jahre Nachholbedarf.« Etablierte Kunst war in London noch immer auf die klassischen Felder Malerei oder Bildhauerei beschränkt. Erst in den Neunzigern, vor allem mit der Ausstellung *Sensation* 1997 in der Royal Academy am Piccadilly, setzte sich eine neue Generation durch, die wie Hirst einen in Formaldehyd konservierten Tigerhai als Kunstwerk präsentierte oder wie Tracy Emin sogar ihr ungemachtes, von den Spuren ihres Nachtlebens gezeichnetes Bett.

Einer wie Tillmans, der sich den wachen Blick des Außenseiters bewahrt hat, konnte an diesen Werken nichts Revolutionäres erkennen: »Was zum Beispiel Hirst machte – aufwendigste, teuerste Kunstobjekte –, war eigentlich nur eine Variante von dem, was Amerikaner wie Jeff Koons bereits zehn Jahre zuvor gemacht hatten«, sagt Tillmans. »In Kontinentaleuropa und in den USA fand in den Neunzigern schon längst eine komplette Hinterfragung statt: Was kann noch ein Kunstobjekt sein, was für Kunstobjekte wollen wir noch? Dagegen arbeiteten viele *yBa's* weiterhin unverdrossen extrem objektbezogen. Von daher ist Hirst eigentlich überhaupt nicht berechtigt, als A-Liga-Künstler zu gelten.« Bloß – so sahen es allenfalls Experten. Die Massen wurden von *Sensation* bewegt.

Fast 300000 Besucher kamen in die Royal Academy, die Schau ging auf Reisen nach Berlin und New York. Viele waren begeistert von Richard Billinghams drastischen Fotografien seiner asozialen Eltern, viele fasziniert von Hirsts Hai in *The Physical Impossibility of Death in the Mind of Someone Living.* Manche demonstrierten vor den Academy-Türen gegen Marcus Harveys Porträt der Kindermörderin Myra Hindley, zusammengesetzt aus den Abdrücken von Kinderhänden, einige wie New Yorks Bürgermeister Rudolph Giuliani waren außer sich wegen Chris Ofilis Gemälde *The Virgin Mary,* das die Jungfrau Maria samt Schnipseln aus Pornoheften zeigt.

Zehn Jahre zuvor hätte dieselbe Ausstellung vermutlich nur Fachleute beschäftigt (in der Tat kreierte Charles Saatchi, der große Mäzen der Bewegung, bereits 1992 zum ersten Mal eine Schau unter dem Slogan *young British art*, ohne dass er phänomenale Aufmerksamkeit erregte), und ganz sicher war es nur Zufall, dass *Sensation* ausgerechnet 1997 zu sehen war. Doch weil es 1997 war, standen die *yBa's* nicht mehr nur für sich, sondern plötzlich stellvertretend für ganz Großbritannien.

Es war das Jahr, in dem der jugendlich schwungvoll wirkende Tony Blair nach gut zwei Jahrzehnten erzkonservativer Regierung die Wahlen zum Premierminister gewann. Die Wirtschaft boomte. Aufbruchstimmung, Optimismus, dieses *Wir-fühlen-uns-wieder-großartig*-Gefühl ergriffen das Land. Großbritannien berauschte sich an sich selbst. Und auf einmal glaubten alle, in den frechen Künstlern das neue Land wieder zu erkennen: *Cool Britannia*.

Sicherlich kann man am künstlerischen Stellenwert der *yBa's* zweifeln, wie Tillmans es tut, aber die immense Wirkung der Bewegung ist unbestritten. Mit den *young British artists* entdeckte London, dass es eine Stadt der Künste sein wollte. Was bei Tillmans Ankunft 1990 noch ein »Randgebiet« war, ist heute einer der wichtigsten Handels- und Ausstellungsplätze der Kunstwelt. Am südlichen Themseufer wurde ein altes Kraftwerk umgebaut und 2000 als eines der weltweit beeindruckendsten Museen wieder eröffnet: die *Tate Modern*. Die Verleihung des Turner-Preises wurde zum Ereignis, per Liveübertragung im Fernsehen zu verfolgen. Neue Galerien für zeitgenössische Kunst wie *White Cube* wurden wie Kultstätten gefeiert, bereits existierende wie *Serpentine*, *Hayward* oder *Whitechapel* zogen plötzlich ungeahnte Scharen an, und die Londoner Medien, sichere Indikatoren für das Masseninteresse, hören nicht auf, jedes neue, vermeintlich provozierende Kunstwerk der gealterten *young British art* wie Turks Müllhaufen groß herauszustellen, als könnten die Bewegung dies wirklich sein: *forever young*. »Diese Stadt ist vernarrt in Kunst«, bemerkte 2003 die *New York Times*, »gut möglich, dass momentan noch nicht einmal New York so viel Appetit auf neue Kunst hat wie London.«

Die Retrospektive ist eine beliebte Ausstellungsform, und wer versucht, in einer Rückschau die Bewegung zu ergründen, die Londons Hunger auf Kunst geweckt hat, wird auf eine überraschende Frage stoßen: War es überhaupt eine Bewegung? Oder war *young British art* nicht vielmehr ein künstliches Geschöpf, die Erfindung eines einzelnen Mannes?

Charles Saatchi.

»Viele sagen, der mächtigste Sammler zeitgenössischer Kunst, ein Medici des 20. Jahrhunderts« (Richard W. Walker in *Art News*).

Tatsächlich hat Saatchi seine Macht nie auf das Sammeln von Kunst beschränkt. Er hat, indem er bestimmte Werke gekauft und ausgestellt hat und andere nicht, Richtungen der zeitgenössischen britischen Kunst geformt, er hat – und das macht wohl ihn und keinen der Künstler zur wichtigsten Figur der Bewegung – mit thematischen Ausstellungen wie *Sensation – young British artists from the Saatchi Collection* die Marke *yBa* zum Leben erweckt. Das war nicht unbedingt zu erwarten gewesen von einem Mann, der bis ins Erwachsenenalter eine ganz andere Art von Kunst gesammelt hat: Superman-Comics.

Saatchi, 1943 als Sohn irakisch-jüdischer Eltern in Bagdad geboren, kam nach dem Zweiten Weltkrieg mit seinen Eltern nach London und gründete mit seinem Bruder Maurice 1971 in der Charlotte Street die Werbeagentur Saatchi & Saatchi. Schon bald erarbeiteten sie sich den Ruf einer äußerst kreativen Agentur. Ihre berühmteste Reklamekampagne entwarfen sie 1978 im Wahlkampf für die Konservativen, als sie mit der doppelten Bedeutung des Verbs *to work* (arbeiten, funktionieren) spielten. Ihr Plakat zeigte die endlose Schlange vor einem Arbeitsamt, darüber stand: *Labour isn't working*. Ende der achtziger Jahre, auf ihrem geschäftlichen Höhepunkt, verfügten Saatchi & Saatchi über 150 Büros weltweit und machten angeblich jährlich 90 Millionen Pfund Gewinn.

Je mehr Aufsehen die Agentur erregte, je mehr über die Brüder bekannt wurde, desto merkwürdiger erschien die Person Charles Saatchi. Als die Agentur 1994 verkauft wurde und die Brüder zurücktraten, hatte Charles Saatchi in seinen 23 Jahren als Präsident kein einziges Vorstandsmeeting besucht, schreibt Alison Fendley in seinem Buch *Commercial Break: The inside story of Saatchi & Saatchi*. Auch hatte Saatchi offenbar kein Interesse daran, seine Kunden persönlich kennen zu lernen, selbst wenn es sich um Margaret Thatcher handelte. Schon bald ging der Mythos um: Sobald Kunden im Haus seien, verkleide sich Saatchi als Putzmann, um bloß nicht mit ihnen reden zu müssen. Manche Beobachter führten dies auf seine immense Schüchternheit zurück. Andere, wie die Kunstakademiker Rita Hatton und John A. Walker, behaupten in ihrem Buch *Supercollector: A Critique of Charles Saatchi*, er habe sich schlichtweg »leicht gelangweilt und tat deswegen nur, was ihn wirklich interessierte«. Seine sonderbare Zurückhaltung jedenfalls legte Saatchi auch als Kunstsammler nicht ab. In der *Saatchi Gallery*, die er 1983 in einer Seitenstraße des idyllischen Nordwest-Londoner Wohnviertels St. John's Wood eröffnete, veranstaltete er die pompösesten Ausstellungs-Eröffnungen. Und erschien nicht auf seinen eigenen Festen.

Es war seine erste Frau Doris, die in Massachusetts Kunstgeschichte studiert und an der Sorbonne mit einer Arbeit über Ingres promoviert hatte, die Saatchis Interesse für Kunst weckte. Eines Abends Anfang der siebziger Jahre, erinnert sich Nicholas Logsdail, der Besitzer der *Lisson Gallery* nahe Marylebone Station, fuhr kurz vor Ladenschluss ein Rolls-Royce vor, »ein Mann in Tennishosen sowie eine wunderschöne blonde Frau im Nerzmantel« stiegen aus und kauften auf einen Schlag vier Bilder amerikanischer Minimalisten wie Carl Andre und Donald Judd. Von diesem Tag an sollte Charles Saatchi über Jahre hinweg regelmäßig zu Logsdails Galerie kommen und in immer kürzeren Intervallen Bilder kaufen und verkaufen. »Saatchi«, sagt Logsdail, »hatte diese getriebene Verrücktheit an sich.«

Anders als die Mehrheit der Kunstsammler ließ Saatchi

keine dauerhafte Vorliebe für einen bestimmten Stil erkennen. Im Gegenteil, das einzige Muster seiner Sammelleidenschaft schien seine Sprunghaftigkeit zu sein. »Saatchi«, schreiben Hatton und Walker in *Supercollector*, »liebt Kunst wie Don Juan Frauen: Das Trachten nach einer Frau und deren Eroberung ist immer nur das Vorspiel für das Trachten nach der nächsten und deren Eroberung.«

Dass Saatchi ihre Werke nicht nur kaufte, sondern sie ständig auch wieder verkaufte, verletzte viele Künstler. Ihm wurde vorgeworfen, er sei gar kein Sammler sondern »nur ein Superdealer«, wie Sean Scally klagte, einer von etlichen Künstlern, die glaubten, Saatchi habe ihre Werke für immer gekauft, und die dann machtlos zusehen mussten, wie er sie wenig später an andere Sammler weiterverkaufte. »Du als Künstler verlierst völlig die Kontrolle über deine Werke«, sagte Scally. »Die Beziehung zu deinem Händler, mit dem du seit Jahren zusammenarbeitest, ist nichts mehr wert, überhaupt nichts mehr, wenn die Käufer deine Werke einfach weiterverkaufen. Wir Künstler sind nur die Bauern im Schachspiel. Und ich dachte, Saatchi hätte gute Absichten.«

Doch der Rückschluss, Saatchi wolle mit der Kunst nur Geld verdienen, ist wohl verfehlt. Vielmehr verkauft er die vielen Werke nach geringer Zeit wieder, um seine Don-Juan-Liebe befriedigen zu können; er braucht das Geld, um ständig neue Werke kaufen zu können. Denn dies scheint der wahre Kitzel zu sein, den sein zwanghaftes Sammeln ihm gibt: Er will immer den neusten Star entdecken, er will permanent den aktuellen Trend setzen. Das erklärt auch, warum er ausschließlich zeitgenössische Kunst sammelt. »Kunst ist für ihn neu oder sie ist gar nichts«, schreibt der anerkannte britische Kritiker Jonathan Jones im *Guardian*, »es ist, als würde Saatchi etwas sammeln wollen, was niemand hinkriegt: den aktuellen Augenblick, den Moment, der immer gerade entschlüpft.«

Saatchi hatte schon mehrere tausend Kunstwerke gekauft,

gesammelt, ausgestellt, weggeschlossen und verkauft, als ihm das Unmögliche fast gelang: Mit *young British art* hielt er den Moment, der immer schon am Entschlüpfen ist, wenigstens kurz fest. Den Zeitgeist. Vielleicht schuf er ihn sogar.

1988 organisierte eine Gruppe Kunststudenten des Süd-Londoner *Goldsmiths College*, angeführt von Damien Hirst, ihre eigene Ausstellung *Freeze* in einer leer stehenden Lagerhalle. Unter den Studenten waren Sarah Lucas, Gary Hume, Mat Collishaw. Michael Craig-Martin, der ihr College-Professor war und sich deshalb vom *Guardian* »The Godfather of BritArt« betiteln lassen musste, sagt, etwas an dieser Klasse von '88 sei von Anfang an anders gewesen, besonders: Die Studenten waren unverblümt ehrgeizig. Sie wollten, entgegen dem vorherrschenden Image, dass Künstler rumzuhängen und am Existenzminimum herumzukrebsen hätten, Karriere machen und reich werden durch ihre Kunst – ein Anspruch, der Saatchi gefiel, als er Hirst und die anderen kennen lernte.

Der Mythos besagt, dass Saatchi zu *Freeze* kam und *young British art* geboren wurde. Tatsächlich fuhr – und fährt – Saatchi in seinem Luxusauto durch die ärmeren Viertel des Londoner Ostens, wo sich regelrechte Künstlerkolonien angesiedelt haben, und taucht, um sich Werke anzusehen und oft auch zu kaufen, unangekündigt bei jungen, noch unbekannten Künstlern auf, die ihm von befreundeten Experten wie etwa dem Goldsmiths-Lehrer Craig-Martin empfohlen wurden. Doch *Freeze*, die Geburtsstätte der *BritArt*, hat er nie gesehen, sagt Carl Freedman, der damals Hirsts Co-Kurator der Ausstellung war: »Es wäre interessant zu wissen, wie viele Leute überhaupt da waren.« So viele erinnerten sich heute öffentlich daran, dort gewesen zu sein, in Wahrheit, sagt Freedman, »war es eine tolle Zeit, weil wir Künstler alle phantastische Freunde waren – aber praktisch niemand kam, um die Ausstellung zu sehen«. Jonathan Jones, der Kritiker, sagt, viel sei auch nicht zu sehen gewesen: »Die einzigen guten Stücke waren Gary Humes bemalte Krankenhaus-Türen und Mat Collishaws Foto einer Schusswunde.« Hirst selber habe nur einige Konstruktionen aus bemalten Kisten ausgestellt.

Erst 1990, als dieselbe Gruppe ihre zweite Ausstellung *Gambler* organisierte, kaufte Saatchi dort zum ersten Mal etwas. 1992 dann eröffnete er in der Saatchi Gallery die erste Schau unter dem Titel *young British art,* in der unter anderem Werke von Hirst und Lucas gezeigt wurden oder auch Richard Wilsons Installierung *20: 50,* die zu den Schlüsselwerken der *yBa's* zählt: ein bis auf Brusthöhe mit Öl gefülltes Zimmer, in das der Besucher über einen kurzen Steg tritt. Die Farbreflexe des Öls sind überwältigend.

Die 92er-Ausstellung »zementierte das Label *yBa* und definierte die Bewegung«, schreibt der Kritiker Simon Ford. »Es war möglicherweise die erste Kunstbewegung, die von einem Sammler ins Leben gerufen wurde.«

Spätestens mit der *Sensation*-Schau wurde Saatchi zu einem Synonym für junge britische Kunst. Dadurch, dass die Royal Academy – eine Institution des Londoner Kulturlebens – ihre Hallen für *young British artists from the Saatchi collection* öffnete, entstand in der breiten Öffentlichkeit der Eindruck, als existierte außerhalb der Saatchi-Sammlung gar keine junge Kunst mehr. Saatchi war nun ein Gütesiegel. Er konnte junge Künstler in die *yBa*-Bewegung einlassen oder ausschließen, indem er ihre Werke kaufte oder verschmähte. Er konnte »die Geschichte der Kunst kanalisieren«, schreiben Hatton und Walker.

Doch auch dieser Moment verflog. Saatchis Versuche, würdige Nachfolger für die *yBa's* zu finden, scheiterten. *Neurotic Realism*, die von ihm organisierte Ausstellung der angeblich nächsten Generation, wurde keine Bewegung, sondern erntete nur Schmähungen. In »Rasender Opportunismus« benannte die Szenezeitschrift *Art Review* die Schau um. Aufstrebende, erfolgreiche Londoner Künstler wie Wolfgang Tillmans weigerten sich, ihre Werke an Saatchi zu verkaufen.

»Ich wollte nicht in diesen Sack gesteckt werden«, sagt Tillmans, »viele Sachen der *yBa's* sind einfach schlecht.«

Aber der Hunger, den Saatchi und die jungen Briten in London ausgelöst haben, hält an.

Ein Nachmittag an der South Bank, dem Südufer der Themse, genügt, um zu spüren, dass die Stadt noch lange nicht satt ist. Tausende Besucher streifen durch die *Tate Modern*, um Meilensteine des letzten Jahrhunderts von Pablo Picasso über Andy Warhol bis Joseph Beuys zu bewundern. Einige hundert Meter flussabwärts bilden sich Schlangen vor der *Hayward Gallery*, wo eine Roy-Lichtenstein-Retrospektive gezeigt wird. Und nicht viel weiter, die Promenade westwärts, hat schon wieder ein neues Museum eröffnet – die neue *Saatchi Gallery*. Nach zwanzig Jahren in der Abgeschiedenheit von Saint John's Wood verlegte Saatchi seine Galerie in die ehemalige *Council Hall*, das alte Londoner Rathaus. Alle Meisterstücke der *BritArt* sind hier zu sehen, Damiens Hirsts Hai genauso wie sein vielleicht beeindruckendstes Werk *A Far From the Flock*, ein ausgestopftes Lamm, das alle Einsamkeit dieser Welt ausdrückt, ebenso wie Sarah Lucas' Selbstporträt mit zwei Spiegeleiern auf der Brust oder Richard Wilsons *20:50*. Doch es ist ein deprimierender Anblick. Die Kunstwerke werden erdrückt von der bombastischen Architektur des einstigen Rathauses. Es wirkt, als seien sie abgestellt worden in dem großen Sitzungssaal und den einstigen Beamten-Diensttuben mit ihren schweren, dunklen Holzwänden, den künstlichen Kaminen und dicken Säulen. Weggestellt und vergessen. Hier, so scheint es, hat Charles Saatchi endlich sein unerreichbares Ziel erreicht: den Moment, der immer gerade entschlüpft, festzuhalten. Aber um welchen Preis: Eine ganze Generation britischer Künstler, die doch noch am Leben und unberechenbar ist, liegt hier aufgebahrt, auf ewig jung einbalsamiert.

Londoner IV:
Wolfgang Tillmans

Wolfgang Tillmans in seinem Atelier in der Cambrigde Heath Street, Bethnal Green:

Die Hässlichkeit Englands hat mich schon immer mehr angezogen als die Schönheit Italiens oder Frankreichs. Weil ich das Pittoreske als leblos empfinde. In London dagegen ist immer alles in Bewegung, alles ist immer provisorisch, nie fertig und deshalb menschlich. Wenn wir hier im East End einen Kilometer Straßenkante abliefen, was meinst du, was wir da alles finden würden an aufgerissenen und vernarbten Bürgersteigen, schlecht übermalten Türen, hektisch umgebauten Mauern – alles Zeichen menschlicher Wünsche, menschlichen Handelns, menschlichen Unvermögens. Hier hat jemand versucht, eine schicke Pizzeria aufzumachen, dort wollte jemand seinen Garten vergrößern. Du entdeckst mehr Spuren vom Leben in London.

In Deutschland oder Frankreich gibt es natürlich auch Hässlichkeit, aber es ist eine glatt verputzte Hässlichkeit. Das kontinentale Europa hat das Bedürfnis, das Leben komplett in den Griff zu bekommen und dafür eine Designlösung zu finden. In England sucht man nur nach einer Lösung für das gerade drängendste Problem. Also wird gestopft und geflickschustert ohne Gesamtkonzept. Das eklatanteste Beispiel für diese grundsätzlich unterschiedlichen Lebensauffassungen liefert die U-Bahn: Die Londoner *tube* ist einfach eine banale Röhre, so dick und groß wie nötig, damit die Züge eben durchpassen und die Leute auf dem Bahnsteig Platz finden – zu Stoßzeiten vielleicht nicht alle. Und wenn die *tube* eines Tages wirklich aus allen Nähten platzt, dann wird die Röhre ein bisschen ausgebessert, umgeändert, vergrößert, aber wieder nur gerade so viel wie nötig. In Deutschland dagegen werden U-Bahn-Stationen für die maximal vorstellbare Kapazität gebaut, mit riesigen Innenräumen; als ob man damit rechnen müsste, dass in jeder Stadt jederzeit Olympische Spiele stattfinden könnten und Hunderttausende Besucher kämen. Das führt dann dazu, dass sich die Menschen in diesen gigantischen unterirdischen, gekachelten Quadern verloren, klein und leblos fühlen. In der Londoner U-Bahn ist es hingegen recht gemütlich. Sicherlich gibt es Leute, die jetzt entgegnen werden: »Ich kriege dort aber Platzangst.« Grundsätzlich gibt es immer zwei Blickrichtungen von Europäern auf London. Die einen beklagen, dass in London kein Fenster richtig schließt. Die anderen – und zu denen gehöre ich – mögen dies und verstehen, dass ein Grundgedanke hinter der vermeintlichen englischen Anspruchslosigkeit steckt: Gegen alle denkbaren Eventualitäten abgesichert zu sein, interessiert uns nicht. Es muss reichen – das ist wichtig.

Ich kam 1990 nach London. Es war eine geradezu schicksalhafte Wendung. Ich hatte im September 1989 beim Lette-Verein, einer Hochschule für Fotografie in Berlin, eine Ausbildung begonnen, die ich grauenhaft fand. Deutsche Fotografie muss immer ernst sein, da ist kein Raum für Zweideutigkeit, für Spielerisches, außer vielleicht bei Bernhard Blume. In Deutschland musst du immer in Serie arbeiten, die Becher-Schule. Das entspricht einfach nicht meiner Art. Ich war immer anders. Ich habe mich immer als freier Künstler verstanden, nicht als Fotograf, auch wenn die Kamera mein Medium ist – aber, Entschuldigung, ich hasse das: den ganzen

Kunstkram. Mir widerstrebt es, in absoluten Tönen einzuordnen, was deutsche fotografische Kunst, was Londoner fotografische Kunst ist, wo ich stehe. Ich will lieber weiter über London reden. Wo war ich stehen geblieben? Genau, der Lette-Verein.

Am 8. November 1989 habe ich die Hochschule vorzeitig verlassen und bin mit Sack und Pack weg aus Berlin. Am 9. November fiel die Mauer.

Wenn ich nur einen Tag länger geblieben wäre, hätte mich der Mantel der Geschichte umhüllt, wie es immer so schön heißt, und dann hätte ich wohl die vergangenen 14 Jahre mit dem Berlin-Mythos verbracht. So aber ging ich nach London.

Ich kam nicht wegen der Kunst, sondern wegen der Stadt. Mit der Kunst war es damals in England auch gar nicht so weit her. Neue Entwicklungen, die die zeitgenössische Kunst in Amerika oder Europa nahm, ignorierte man in England. Es herrschte noch immer die spießige Idee vor, dass ausschließlich Malerei moderne Kunst sei.

Aber wie gesagt: Ich kam nicht wegen der hohen Kunst. Ich kam wegen der niederen Kunst. Wegen der Straßenkultur, der Popmusik, dem Design. Alles was ich mochte, kam aus England. Visuell zog es mich an. Das Design der Kleider, der Plattencover, der Zeitschriften; diese Welt, wie sie Londoner Zeitschriften wie *i-d* dokumentierten.

Und ich fand die Engländer sexy. Der eine findet Italienerinnen sexy, der andere Russinnen. Ich eben Engländer. Die englischen Männer sind ästhetisch viel bewusster als die deutschen, viel stilsicherer. Das geht so weit, dass man in London oft gar nicht erkennt, wer schwul ist und wer nicht, weil alle – was ja eigentlich untypisch für Männer ist – Wert auf ihr Äußeres legen. In Deutschland wissen die Männer doch gar nicht, wie sie aussehen, zumindest die heterosexuellen.

Ich habe mich in London gleich zu Hause gefühlt. Hier hatte ich das Gefühl: Das verstehe ich. Viele Ausländer betrachten ja selbst nach Jahren in London die Engländer noch mit dem Blick eines Außenstehenden: die komischen, unnahbaren, unverständlichen Engländer. Ich hatte von Anfang an das Gefühl, die Stadt von innen zu erleben; hierher zu gehören. Dass ich 2000 den Turner-Preis gewann, war gerade auch in dieser Hinsicht eine schöne Bestätigung: Es war ein Etikett, dass ich nun offiziell dazugehöre. Denn es ist ja ein Preis für *britische* Künstler. In Deutschland haben sie damals geschrieben: »Der erste Deutsche, der den Turner-Preis gewinnt, den prestigeträchtigsten Kunstpreis der Welt«. Was für ein Unsinn! Denn welcher Deutsche hätte den Preis sonst gewinnen können? Du musst in Großbritannien leben, es ist kein internationaler Preis. Du kannst dich nicht bewerben und einfach sagen: »Ich will jetzt britisch sein.« Der Preis wird einem angeboten. Dass man mir den Preis verlieh, fand ich schon sehr interessant. Vorher hieß es in London immer: »German artist Wolfgang Tillmans«. Seit dem Turner-Preis-Gewinn schreiben die englischen Zeitungen: »London-based artist Wolfgang Tillmans«. Ich glaube, ein französischer Pianist oder ein britischer Schriftsteller in Berlin bleiben für Deutsche immer ein französischer Pianist oder ein britischer Schriftsteller so wie ein Gastarbeiter in Deutschland nach vierzig Jahren noch als Gast, als vorübergehender Besucher betrachtet wird. Das ist in London anders: Niemand würde einen Pakistani als Gast bezeichnen, das sind Einwanderer. Und ich bin jetzt der *London-based artist*, den sie in der Welt vorzeigen können.

Wobei das nicht heißt, dass ich ein Engländer geworden bin. Ich werde nie ein Nicht-Deutscher werden, da bin ich mir nach vierzehn Jahren im Ausland sicher. Wie wohl die meisten Deutschen, die weggegangen sind, habe ich Deutschland durch den Blick aus der Ferne lieben gelernt. Die heutige Generation, die nach der Wiedervereinigung groß geworden ist, hat sicher nicht solche Minderwertigkeitskomplexe wie wir, aber für mich ist diese Liebe eine Errungenschaft: Es ist mir gar nicht mehr peinlich, Deutscher zu sein!

Ein Engländer zu werden, ist gar nicht möglich. Dann würde man allenfalls englischer als die Engländer, verkrampft. Ich weiß zum Beispiel durchaus, dass, wenn ein Engländer einen Nazi-Witz macht, ich am nächsten Tag keinen noch größeren Nazi-Witz reißen sollte. Aber lachen muss man natürlich über den Nazi-Witz des Engländers. Wobei es nicht so ist, dass ein Deutscher in London jeden Tag solche Sprüche über sich ergehen lassen muss. Mit meinem besten englischen Freund mache ich ständig Witze über Deutsche, Engländer und unsere nationalen Beziehungen, wobei das eher Witze über die Witze sind: Wir amüsieren uns über die gängigen Klischees, das ist unsere Comedy-Show.

Ich habe übrigens, gerade bei den älteren Engländern, eine erstaunliche Bereitschaft entdeckt, den Krieg als europäisches Phänomen zu sehen. Sie argumentieren, der Krieg sei eher aus einer krankhaften gesellschaftlichen Situation des gesamten Kontinents entstanden und weniger eine Frucht des deutschen Chauvinismus. Du merkst schnell, wie wichtig der Krieg für die Engländer ist – und wie heilig ihnen der Humor ist. Das ist eine der angenehmsten Seiten an London: Hier kann im Grunde alles verlacht werden. Das setzt die dramatischsten Ereignisse auf ein erträgliches Niveau herab. Wenn man über alles lachen kann, unterläuft man zudem Hierarchien, ein anderes englisches Phänomen: Auf der einen Seite gibt es hier extreme Hierarchien, bei der Arbeit, in der Politik, in der Gesellschaft. Anderseits werden sie ständig unterlaufen. Im Parlament zum Beispiel: Wie da jeder angegriffen wird, ob mit Humor oder Härte.

Irgendwann war ich an dem Punkt, dass ich über die englische Innenpolitik ganz genau Bescheid wusste, mich aber fragte: Wie heißt doch wieder der deutsche Wirtschaftsminister? London ist meine Heimat geworden. Hier kenne ich die Straßen, hier habe ich fast alle Jahre meines Erwachsenenlebens verbracht. Ich sehe mich hier alt werden. Einmal bin ich weggegangen, 1994 nach New York. Ich hatte meine erste

Einzelausstellung in Amerika und New York erschien einfach als der zwangsläufig nächste Schritt.

New York ist ja so langweilig, es sagt bloß niemand! Du darfst nicht trinken, du darfst nicht rauchen. In London dagegen gilt es nicht als unfein, wenn du betrunken bist, im Gegenteil. Aber wenn du jung und erfolgreich bist, kann New York dir neuen Schub geben. In Europa haben sich die Künstler ja eher aufs Rumhängen verlegt, in New York dagegen lässt man dich sofort spüren: Wir wollen erfolgreiche Künstler, wir können dich noch erfolgreicher machen. Doch nach fünfzehn Monaten war ich in einer Krise: Ich habe gemerkt, dass es immer so bleiben würde, dass nur der Erfolg zählt, dass alle nur nach Erfolg gieren. Ich stehe auch mal gerne alleine mit einem Bier in der Ecke einer Kneipe, doch wann immer ich das in New York tat, kam jemand vorbei und sagte: *Cheer up or it will never happen.* Du musst fröhlich sein, du musst erfolgreich sein. Mir ist klar geworden, dass es sinnlos ist, in New York auf lange Zeit zu leben, wenn du nicht amerikanisch werden willst. Ich bin dann nach Berlin, aber dort war es mir zu dunkel, zu deprimierend. Im Winter 95 / 96 war ich zurück in London.

Ich wohne in Holborn, zu den Bars im West End kann ich zu Fuß gehen, das ist mir wichtig. Ich könnte nicht in Brixton oder in Hampstead wohnen oder in West-London. Das wichtigere London ist hier, im Osten. Hier wohnen Tausende junge Leute, die wie ich visuell denken. Es waren die Fotografen, die zuerst kamen, in den achtziger Jahren, weil sie in Clerkenwell und Shoreditch die großen, leer stehenden Lagerhäuser fanden, die sie für ihre Studios und Labors brauchten. Dann kamen die Künstler, Musiker – und dann, wie immer, die Baulöwen und die Reichen. Das Verrückte ist, soviel die Sanierer mit ihren neuen Luxuswohnungen auch kaputtmachen, es bleibt immer noch genügend Platz für die Szene.

Natürlich gibt es auch ein anderes London, ein anderes England: Das der – na ja, Proleten darf ich sie nicht nennen –

das der unzivilisierten, ruppigen, zur Gewalttätigkeit neigenden Menschen. Während ich in Deutschland das Gefühl habe, als Schwuler fast überall Hand in Hand mit einem anderen Mann spazieren gehen zu können, würde ich mich das in London außerhalb des West Ends nicht trauen. Doch das ändert nichts daran, dass London eine faszinierende Stadt ist: Wie viel sie ertragen kann, wie viele verschiedene Leute, verschiedene Kulturen sie einfach in sich aufnehmen kann. Wie sie sich selbst reguliert, wie ordentlich sie ohne Meldewesen funktioniert. Ich denke, London ist die toleranteste Stadt der Welt. Neulich las ich, wie heftig man in Deutschland und Frankreich darüber diskutiert, ob muslimische Lehrerinnen in der Schule ein Kopftuch tragen dürfen. Und ich musste daran denken, dass die Londoner U-Bahn ihren Bediensteten sogar Schirmmützen in einer dreißig Zentimeter hohen Sonderausführung zu Verfügung stellt – damit auch Schaffner mit Rastalocken ihre Haare in der Dienstkappe unterbringen.

Sterne

Und am 27. Tag winkte David Blaine.

Die Menschen waren außer sich. Die kleinen Mädchen, noch in ihren Schuluniformen mit den waldgrünen Kniestrümpfen und den grün-schwarz gemusterten Röcken, kreischten. »Er hat *mir* gewunken, er hat *mir* zurück gewunken!«, rief eine von ihnen. Sie trug goldene Ohrringe, die zu groß für ihre Kinderohren wirkten, und hüpfte aufgeregt auf der Stelle. »Oh nein!«, sagte der Mann, der sich am Rand der gut dreihundert Menschen starken Menge hielt, den Rücken an die Balustrade am Themseufer gelehnt, zu seiner Frau. Er verzog das Gesicht, als habe er Schmerzen und fuhr fort: »Er sollte nicht winken, er sollte sich seine Energie lieber sparen. Spar dir deine Energie, David!« Eine Frau, deren Trenchcoat schlaff auf dem knochigen, bleichen Körper hing, nahm ihr Baby aus dem Kinderwagen, lachte es an und hob es in die Luft. »Schau«, sagte sie, »schau, der Mann dort oben. Er winkt.« Das Baby sah nach unten, auf den Kinderwagen. Ein Geschäftsmann im dunkelblauen Anzug, der auf dem Weg zum Flughafen war, hatte seine zwei Koffer abgestellt, die Hände in die Hosentaschen gesteckt, blickte hinauf und schüttelte den Kopf. Fünf Meter weiter links drückte ein Mann in den Vierzigern die Tasten seines Mobiltelefons, er hatte die Augen zusammengekniffen, als ob es ihn anstrengen würde, die Zahlen auf den Tasten zu erkennen. »Ich bin's«, sagte er, als er dass Handy ans Ohr gelegt hatte. »Ich kann ihn heute ganz deutlich sehen. Er ist gerade aufgestanden und hat zu uns herunter gewunken.«

Drei Monate später würde David Blaine sagen: »Ich weiß eigentlich gar nicht, warum ich es getan habe.« Doch das spielte längst keine Rolle mehr. Warum sich Blaine, ein 30-jähriger amerikanischer Aktionskünstler, für 44 Tage ohne Nahrung in einen zwei Meter langen, zwei Meter hohen Glaskasten setzte und warum er an einem Kran baumelnd, gut 30 Meter über dem Themseufer schwebte, fragten sich in London im Herbst 2003 allenfalls noch einige Avantgardisten. »Was sehen wir wirklich? Ein Stück Aktionskunst? Ein 44-Tage-Theater? Eine Illusion?«, schrieb der Kunstkritiker Michael Billington auf Seite eins des *Guardian*. Für die überwiegende Mehrheit dagegen war die Tatsache, *dass* Blaine es tat, Grund genug, um in einen Zustand 44-tägiger Dauererregung zu verfallen.

Nach 26 Tagen, 20 Stunden und 13 Minuten, wie eine große Anzeigetafel rechts neben dem Glaskasten anzeigte, war Blaines Projekt *Above the Below* (Über dem Drunter) bereits Legende. An der nahen U-Bahn-Station Tower Hill hatte die Stadtverwaltung Wegweiser *To David Blaine* anbringen lassen. Auf der Tower Bridge staute sich der Verkehr, weil die Autos nur Schritttempo fuhren, während sich die Fahrer die Hälse verrenkten, um einen Blick auf Blaine zu erhaschen. Am anderen Ufer hatten rund um den Glaskasten mobile Händler und Straßenkünstler ihre Stände aufgebaut. Porträtzeichner boten ihre Dienste an, ein Vietnamese verkaufte billige Uhren, ein anderer Rosen, mehrere Stände Eiscreme und Hamburger, was eine besondere Ironie besaß, waren die Leute doch gekommen, um einen Hungerkünstler zu betrachten. Provisorische Maschendrahtzäune riegelten das Territorium um den schwebenden Amerikaner ab, zwei Männer vom Sicherheitsdienst standen drohend davor. Fans hatten Blumen und Botschaften an den Zaun geklebt: »Respekt, David!« oder »Du bist eine Inspiration, David«. Eine Frau hatte seitenweise ihr Tagebuch aufgehängt, es war von der Feuchtigkeit gewellt, aber noch gut zu lesen: »19. September. David erschien mir heute wie ein moderner Jesus Christ. Aber wer wird ihn kreuzigen?«

Über eine halbe Million Menschen kamen insgesamt, um mit eigenen Augen zu sehen, wie ein Mann im Glashaus sitzt und hungert, in sein Tagebuch schreibt, seinen Pullover auszieht, ihn wieder anzieht, Wasser trinkt, seine Decke vor die Scheibe hängt, um dahinter in eine Abflussröhre zu pinkeln, zehn Minuten am Tag auch aufrecht steht, ab und an herunterwinkt. 2,5 Millionen Leute saßen vor dem Fernseher, als der Privatsender *Sky* live übertrug, wie Blaine am 44. Tag abgemagert aber lebendig aus dem Container stieg. Die extremen Leidenschaften, die *Über dem Drunter* in London bei den Leuten unter dem Drüber auslöste, ließen selbst Blaines sonst so sprachgewandte amerikanische Public-Relations-Manager um Worte ringen. In den USA hatte Blaine mit seinen vorherigen Aktionen wie *Ice*, als er 62 Stunden in einem Eiswürfel verbrachte, nur wohldosiertes Wohlwollen geerntet. In London bewarfen Zuschauer seinen Glaskasten mit Golfbällen und Eiern, schleppten einen Campingkocher an, um unter Blaine »in einem Moment wahrer britischer Klasse«, so der *Daily Telegraph*, ein original englisches Frühstück zu braten, präsentierten ihm Frauen ihren blanken Busen oder Hintern, schlugen andere die halbe Nacht auf Trommeln ein, damit er keinen Schlaf fand.

Wenn sich London seine Stars schafft, ist es gnadenlos zu ihnen.

Die Stadt liebt Glamour, liebt Helden, denn diese führen

ihr ihre Größe vor Augen. Doch weil London größer und wichtiger sein will (und natürlich auch ist) als andere europäische Großstädte, braucht es ständig neue Sterne und betreibt eine immer extremere Ausmaße annehmende Heldenverehrung. *Sky* übertrug Blaines Hungerkur die gesamten 44 Tage lang live auf seiner Internetseite, die nationalen Zeitungen berichteten täglich, das Londoner Lokalblatt *Evening Standard* richtete die feste Kolumne *Blaine Watch* ein. Und was es nicht alles zu berichten gab: »Londoner Polizei hat genug: Rechnung für Polizeieinsätze an der Themse soll Blaine zahlen« (*Daily Telegraph*): Was gerade an der Tower Bridge passiere, sei ein Beispiel dafür, »wie die Dinge eskalieren können«, sagte Sir John Stevens, Kommissar der Metropolitan Police, »wir haben Bedenken wegen der öffentlichen Sicherheit dort unten an der Themse. Wir müssen die Leute, die diese Veranstaltung ausrichten, bitten, für den Polizeieinsatz aufzukommen.«

»Fan nahm überraschendes Bad in der Themse« (*Evening Standard*): Ein 28-jähriger Mann, der Brandy trank, während er dem Illusionisten David Blaine zusah, musste von einem Rettungsboot aus der Themse gezogen werden. Er war eingeschlafen und ins Wasser gefallen. Zwei Stunden später rannten drei Flitzer nackt unter Blaine herum. Einer von ihnen, der sich als Pips ausgab, sagte: »Wir wollten Blaine sehen, aber er schlief. Uns war langweilig.«

»Zweifel, ob Blaine wirklich nichts isst« (*Sunday Times*): Obwohl Blaine eine Urinprobe abgegeben hat, um zu beweisen, dass er tatsächlich nur Wasser zu sich nimmt, bleiben viele Leute skeptisch. Catherine Collins, Chef-Diätspezialistin am Saint George's Hospital, Süd-London, sagte: »Dieses regelmäßige, fürsorgliche Reinigen der Glasbox – ich frage mich einfach, ob dabei nicht heimlich die eine oder andere Salztablette in den Container geschmuggelt wird. So eine Tablette muss nicht größer als ein Tic-Tac sein.«

»Gesundheitssorgen um Blaine, während er die kritische

Stufe seines Projekts erreicht« (*Evening Standard*): Nach 29 Tagen zeige Blaine beängstigende Syndrome. Unter anderem verbringe er mittlerweile sechs Stunden am Tag damit, in seinen Haaren zu wuscheln und gegen die Glasscheiben zu hämmern. Dies sei »ein nicht-verbaler Ausfluss«, sagte der Psychologe John Potter, ein Experte auf dem Feld der Einzelhaft.

»Warum wird Blaine nicht dünner?« (*The Sun*): Ist doch etwas dran an geheimen Nahrungslieferungen?

»Strafe für Attacke auf Blaine« (*Daily Mirror*): Ein Geschäftsmann, der versuchte, auf die Glasbox zu steigen, und dabei David Blaines Wasserversorgung beschädigte, wird vor Gericht zu 750 Pfund Strafe verurteilt. Der Richter rügte Stephen Field, 38, aus Goldaming: »Ich kann nicht begreifen, warum Leute wie Sie Mister Blaine nicht in Frieden lassen können.«

Wie der Glaskasten dort oben so sanft im Wind schaukelte, während die Augen der Menge und die Linsen der Filmkameras angespannt auf ihn gerichtet waren, um keine, noch so kleine Bewegung Blaines zu verpassen, erschien er mir für einen Moment wie eine Parodie auf unsere Mediengesellschaft, in der wir Berühmtheiten zu gläsernen Menschen machen, von denen wir alles wissen und sehen wollen, selbst die noch so kleinste Bewegung.

Diese menschliche Sehnsucht, den Sternen ganz nahe zu sein, selbst wenn man sich dafür seine Stars selbst schaffen muss, treibt London auf die Spitze. Nirgendwo in Europa wird so ein Aufwand betrieben, um Stars zu kreieren. Ungezählt sind die *Star Academies* in der Stadt, die Kinder im Tanzen, Singen, Schauspielen – im Berühmtwerden – ausbilden. Jeder halbwegs erfolgreiche Londoner Koch hat PR-Berater. Selbst Journalisten, die ab und an als Ghostwriter Bücher schreiben, haben ihren Agenten. Nirgendwo in Europa werden so viele Stars so schnell verschlissen. Die ständige Suche nach neuen Sternen hat dazu geführt, dass in London nicht nur, wie anderswo, Schauspieler, Popsänger oder Sportler in den Himmel gehoben werden. In London können die bravsten Leute Popstars für einen Sommer werden: Köche wie Gordon Ramsay, Architekten wie Norman Foster, Kriegsanalysten wie John Keegan, Schriftsteller wie Hanif Kureishi. Hungerkünstler wie Blaine. Was sie geleistet haben, ist gar nicht wichtig. Die Person ist interessant: Ob sie sich gestern im Restaurant Soße auf das Hemd getropft, bei Marks & Spencer Unterwäsche gekauft oder von der Ehefrau getrennt hat. *You just become a celebrity by being a celebrity,* heißt es in London: Wenn du einmal von den Medien, von der Öffentlichkeit dazu auserkoren wurdest, kannst du tun, was du willst. Solange die Medien darüber berichten, die Öffentlichkeit hinschaut, nährt es deine Berühmtheit.

In denselben Moment, in dem die Stadt ihre Stars auf Überlebensgröße aufbläst, versucht sie schon wieder, sich durch Ironie von einer unkritischen Heldenverehrung zu distanzieren. Man lässt dann einfach einen mit einem duftenden Hamburger beladenen Spielzeughubschrauber vor Blaines Glasbox herumsausen. Doch Tatsache bleibt, dass man am Spektakel teilnimmt. Die Stadt ist süchtig nach Berühmtheiten, Klatsch und Tratsch sind längst eine Industrie. Das Verblüffende ist, dass scheinbar die ganze Welt den Wirbel, den London auslöst, bedenkenlos für bare Münze nimmt. Als ich unlängst in Frankfurt vor einem Buchladen stand, staunte ich nicht schlecht, als mich von Dutzenden Buchcovern *Der nackte Koch* Jamie Oliver anlächelte, der Protagonist einer Kochsendung im englischen Fernsehen. Jamie Oliver! In Frankfurt! Sicherlich hat er ein nettes Lächeln – aber muss man deshalb wirklich auch in Deutschland seine Kochbücher haben?

Für den Rest der Welt, so scheint es, ist London der Star. Was aus London kommt, gilt automatisch als chic. Einmal lernte ich einen deutschen Fotografen kennen, der im East End wohnte, obwohl er ausschließlich Werbefotos für deutsche Firmen machte und dazu in der gesamten Welt herumreisen musste. London hatte mit seiner Arbeit nichts zu tun, er war auch als Fotograf kein bisschen besser oder schlechter geworden, weil er von Stuttgart nach London umgezogen war – aber er bekam seitdem zehnmal so viele Aufträge. Weil er nun als *Londoner Fotograf* galt.

Zwei der interessantesten Fälle unter den Londoner Sternen sind Richard Branson und Charlie Dimmock: Branson, weil er es schaffte, auf der Bekanntheit seiner Person das Wirtschaftsimperium *Virgin* zu errichten, Dimmock, weil es kaum einen kurioseren Star geben kann. Sie wurde für »ihren Mangel an unterstützender Unterwäsche« bekannt, wie die BBC sich ausdrückt. Auf Deutsch: Charlie Dimmock wurde berühmt, weil sie bei der Gartenarbeit keinen BH trägt.

»Ganz offen gesagt: Ich fühle mich einfacher wohler ohne«, sagt Charlie Dimmock, »und abgesehen davon, habe ich doch keine Riesenbrüste. Meine sind nur 80 B.«

Doch die Größe allein macht es nicht. Es ist – wenn ich diese Analyse auf der Basis der zahlreichen begeisterten E-Mails auf der Charlie-Dimmock-Fanclub-Page wagen darf – die sanfte, ruhige Art, in der sich ihr Busen unter ihrem T-Shirt hebt und senkt, während sie sich in der BBC-Gartensendung *Ground Force* mit ihrer Gartenschere über Wasserlilien und Seerosen beugt.

Der Sex-Appeal von Gartenprogrammen war bis dahin nur wenigen aufgefallen, und Charlie selbst findet es noch heute schwierig, sich als sexy zu beschreiben: »Ich bin 37, meine Nase ist krumm und ich bekomme langsam ein Doppelkinn!« Sie mag vom Schönheitsideal der modernen Modeindustrie so weit entfernt sein wie eine Sonnenblume von einer Orchidee, sie mag die Protagonistin in einem Programm sein, dessen Zielgruppe in erster Linie 50-jährige Hausfrauen sind. Doch die Ironie, die darin steckt, jemanden wie Charlie zur Ikone auszurufen, heizt in London die Begeisterung für sie ja erst richtig an. Heldenverehrung ist per se etwas Ernstes, und da London besessen davon ist, bloß nichts *zu* ernst zu nehmen, hat die Stadt eine besondere Freude an Stars, die sie mit einem Augenzwinkern verehren kann.

»Charlie Dimmock, einziges Sexsymbol des Gartenbaus«, rief die *Daily Mail*, der *Guardian* erklärte: »Charlie Dimmocks Busen ist der gefeierte Fetisch der englischen Mittelklasse.« Die *Sunday Times* forderte, Charlie solle sich »die Gebrauchsanweisung einer Blumensamen-Packung auf den Hintern tätowieren«. Und Steinmetz Jeff Callaghan aus Northamptonshire arbeitet rund um die Uhr, um genug Charlie-Dimmock-Gartenzwerge herzustellen. »Ich mache schon seit fast zwanzig Jahren Gartenzwerge. Aber eine solche Nachfrage gab es noch nie. Ich habe meinen Charlie-Entwurf in den lokalen Gartencenters herumgezeigt und die sagten, sie würden so viele nehmen, wie ich nur produzieren könnte. Viele Leute, die nicht unbedingt an Gartenzwergen interessiert sind, fragen danach.«

Gut nur, dass Charlie selbst genug Humor hat, um den Rummel mitzumachen: »Ein bisschen peinlich ist es schon. Ich traue mich nicht mehr, mich im Pub so richtig zu betrinken, weil ich merke, die Leute schauen jetzt auf mich. Also betrinke ich mich nur noch so, dass ich mich wenigstens noch auf den Beinen halten kann.«

Schon war sie bei Nelson Mandela in Südafrika, um dessen Garten umzugestalten. Er sagte: »Potzblitz! Du siehst aus wie ein Spice Girl.« Sie rannte den London-Marathon für einen guten Zweck, die *Daily Mail* berichtete: »Charlie Dimmocks schwieriger Job, rechtzeitig fit zu werden.« Und es erschienen bereits neun Gartenbücher unter ihrem Namen, auf die der japanische oder deutsche Markt sicher nur gewartet haben.

Anders als Charlie Dimmock wurde Richard Branson vom Heldentum nicht überrascht. Er suchte es. Aufgewachsen in Surrey, der grünen Provinz im Süden der Kapitale, gründete er 1969 mit 19 Jahren einen Ein-Mann-Schallplatten-Vertrieb; er besorgte die Platten in einem Laden in London und verschickte sie per Post an seine Kunden. 35 Jahre später ist daraus ein Imperium mit rund 250 verschiedenen Firmen geworden, zu denen unter anderem die Fluglinie Virgin Atlantic, die Virgin Cinemas, Virgin Cola und die Telefongesellschaft Virgin Mobile gehören. Und Branson nährt immer noch die Vorstellung, dieses riesige Reich sei ein Ein-Mann-Unternehmen. Er hat es verstanden, Londons Gier nach Heroen für seine wichtigste Firmenstrategie zu nutzen: Er hat sich immer als kleiner, junger Unternehmer präsentiert, der alleine gegen die großen, gesichtslosen Multikonzerne kämpft, und heute, da Richard Branson 54 ist und rund 50 000 Angestellte beschäftigt, sehen ihn die Leute noch immer als kleinen, jungen sympathischen Entrepreneur. In Umfragen zur Vergabe des Bürgermeisterpostens, hieven ihn die Londoner oft auf Platz eins.

Sie sehen in ihm immer noch den Mann, den sie 1984 entdeckten. Damals gründete Branson die Fluglinie Virgin Atlantic und trat in einen erbitterten Konkurrenzkampf mit dem etablierten Marktführer British Airways, obwohl ihn Sir Freddie Laker warnte, der in den siebziger Jahren mit *Skytrain* die erste Billigfluglinie Großbritanniens ins Leben gerufen hatte: Gegen den immensen Werbeetat der BA könne Branson nicht ankommen. Branson erkor kurzerhand seine eigene Person zur Reklamefigur für Virgin: Der kleine Mann, der von dem großen Multi zerquetscht werden soll. Branson ließ keine Pressesprecher reden, er sprach selber, in jedem Interview und wo immer eine Öffentlichkeit war. So entstand der Eindruck, er persönlich, ein Mann alleine, kämpfe gegen die BA. Er konnte sich der traditionellen Liebe der Londoner für den Außenseiter, den *Underdog*, sicher sein. Als einige schmutzige Tricks der BA, mit denen Branson aus dem Geschäft gedrängt werden sollte, ans Licht und vor Gericht kamen, hatte er gewonnen – nicht nur den Kampf gegen Goliath, sondern vor allem seinen Ruf als »Tycoon des Volkes, Champion der Konsumenten« (*The Observer*).

Er ist bis heute seine beste Werbefigur geblieben: Richard Branson schlüpfte ins Brautkleid, als er seine Firma für Hochzeitskleider Virgin Bride eröffnete, er bediente die Gäste auf einem Flug seiner Linie von London nach New York als Stewart in Uniform und ließ sich zum Erscheinen seiner Autobiographie nackt mit Hut ablichten. Sein breites Lachen ist Virgins bekanntestes Markenzeichen. Er fliegt in einem Heißluftballon um die Welt, trägt meistens Jeans und Pullover, hat sein Büro immer noch zu Hause, behandelt Journalisten grundsätzlich zuvorkommend und redet in Interviews viel von seinen Vorhaben, gemeinnützige Zwecke zu unterstützen. Wie viel er dann tatsächlich spendet, ist eine andere Sache. Es spielt auch keine Rolle. Virgin, dieses Konglomerat von 250 Unternehmen und 50000 Angestellten, funktioniert phantastisch nach dem Tante-Emma-Laden-Prinzip: Die Kunden vertrauen Virgin, weil sie den Besitzer mögen, weil sie das Gefühl haben, ihn zu kennen und deshalb bei ihm den besten Deal zu machen – bei Richard, dem Champion der Konsumenten, der herzlich und lustig ist, eben einer von uns.

»Wie Barbara Windsor, Cliff Richard oder aber die Queen, ist Sir Richard Branson eine auf merkwürdige Art unveränderte Institution des britischen Lebens«, notierte die ausgezeichnete Porträtschreiberin Lynn Barber. Merkwürdig – oder muss man nicht sogar sagen: bewundernswert – ist in der Tat, wie Branson, der seit dreißig Jahren Millionär ist, noch immer sein Image des jungen Außenseiters hält, in einer Stadt, die ihre Stars schneller verschleißt als man schauen kann.

Zwei Monate, nachdem David Blaine mit einem Weinkrampf und sechzehn Kilo weniger am 44. Tag aus seiner Glasbox stieg, ist auf der kleinen Wiese am Themseufer keine Spur mehr von seinem Projekt zu finden, keine vertrocknete Blume, kein beiseite gestelltes Absperrgitter; die Straßenfeger haben saubere Arbeit geleistet. Schon ist Blaine eine verblassende Erinnerung. London ist bereits dabei, sich neue Stars zu kreieren. Eine junge Frau namens Jordan ist in aller Munde, die einen großen Busen hat, einige Affären mit Profifußballern und eine plastische Art, darüber zu reden.

Einmal noch erscheint eine Schlagzeile zu Blaine, als das Gerichtsverfahren gegen Paul McCartney beginnt. Wie so viele, war der Beatles-Sänger eines Abends mit seinem Manager spontan aufgebrochen, um den Amerikaner in seiner Box zu betrachten. Als ihn an der Themse ein Fotograf ablichten wollte, fuhr McCartney den Mann an: »Hör zu, Kumpel, ich bin gekommen, um mir die dumme Fotze anzuschauen, und du wirst keine Bilder von mir machen.« Dann soll McCartney den Fotografen attackiert, sein Leibwächter dem Mann die Kamera zertrümmert haben – und McCartneys Manager die anwesenden Journalisten schnell zum Tatort dirigiert haben, damit sich der Ärger auch richtig lohne und McCartneys Auftritt als harter Rock 'n' Roller ein ordentliches Presseecho finden würde.

Junge Träume

Als wir uns endlich einig waren, dass wir ein großes Ding drehen würden, mussten wir nur noch darauf kommen, was für ein Ding das sein würde. Das war gar nicht so einfach.

Es war genau sechs Tage her, seit mich Kate im Nomad's Travelbookshop auf der Fulham Road beobachtet hatte. Ich merkte erst gar nicht, dass sie mich beobachtete, weil ich im *Great Railway Bazaar* von Paul Theroux las. Nomad's Travelbookshop breitete sich über zwei Stockwerke aus, aber die zwei Verkäuferinnen blieben immer zusammen im oberen, weshalb ich unten im Keller, wo die literarischen Reisebücher ausgestellt waren, ungestört und stundenlang lesen konnte, ohne etwas kaufen zu müssen. Als ich schließlich registrierte, dass mich ein Mädchen mit blonden Haaren musterte, tat ich so, als würde ich nichts bemerken. Doch ich konnte mich nicht mehr auf das Buch konzentrieren. Meine Augen rannten über die Zeilen, ohne dass ich etwas aufnahm, ab und an versuchte ich, mich mit einem Ruck in die Wirklichkeit zurückzubringen und begann wieder an der Stelle weiterzulesen, an der ich den Faden verloren hatte. Vier Zeilen später waren meine Gedanken jedoch schon wieder bei dem blonden Mädchen. Mir wurde bewusst, dass, weil sie mich ja im Blick hatte, ich langsam umblättern musste, denn sonst würde sie ja merken, dass ich gar nicht las – so lange brauchte niemand für eine Seite. Nachdem ich umgeblättert hatte, machte es endgültig keinen Sinn mehr weiterzulesen, ich hatte drei Viertel der vorherigen Seite nicht gelesen, wie sollte ich noch den Zusammenhang verstehen. Ich schätzte, dass man ungefähr eine Minute zum Lesen einer Seite brauchte und blätterte, ohne auf die Uhr zu schauen, rein nach Gefühl, alle 120 Sekunden weiter. Ich blätterte noch siebzehn Mal. Sie ging einfach nicht. Also schlug ich das Buch zu und tat, als wollte ich gehen.

Ich stellte das Buch ins Regal zurück, und als ich mich umdrehte, sah ich mich kurz im Raum um, so wie sich in meiner Vorstellung jemand auf natürliche Weise im Raum umguckt, der ein Buch in ein Regal zurückgestellt hat und im Begriff ist zu gehen. In dem Augenblick, in dem mein Blick sie streifte, lächelte sie. Mein Blick hielt nicht inne, er hastete weiter, über die vier Sessel und den kleinen Tisch in der Mitte des Raums hinweg, die Buchregale auf der rechten Seite entlang, bis zur blau gestrichenen Wendeltreppe. Ich ging. Sie sagte Entschuldigung.

Sie hatte gerade mit ihren Freunden einen Literaturklub gegründet und wollte wissen, ob ich ihrer Gruppe beitreten wolle. Ich hatte keine Ahnung, was man in einem Literaturklub machte, fragte nicht danach und sagte: »Ja, natürlich.« Ich hatte mir oft vorgestellt, wie es wäre, wenn mich eines Tages ein hübsches Londoner Mädchen ansprechen würde, einfach so, ohne dass ich etwas dafür getan hätte, ohne dass ich etwas dafür könnte.

Unser Sitzungssaal war das Starbucks Café auf der Fulham Road, Ecke Mimosa Street, und ich würde lügen, wenn ich behauptete, dass ich nicht enttäuscht war. Die anderen zwei

Mitglieder des Literaturklubs waren Jungen. Und sie waren schon viel länger das, was ich erst ganz frisch war: in Kate verliebt. Diese Gemeinsamkeit, die wir alle – außer Kate – sofort bemerkten, machte unser Miteinander nicht einfacher, obwohl wir uns darum bemühten. Der eine, mit blassem Gesicht, matten Sommersprossen und freundlich abstehenden Ohren, der Garrett hieß, ließ mir nach einem kurzen Moment des Zögerns den Vortritt, als wir uns beide auf das Sofa neben Kate setzen wollten. Der andere, Gavin, mit einer großen runden Brille, wie Theroux sie trägt, aber nicht aus schwarzem Horn, sondern aus dünnem Metall, strahlte mich aufrichtig an, als mich Kate ihm vorstellte: Das ist Ronnie, er versteht etwas von Literatur, er liebt Theroux, er ist auf unserer Seite. Ich war überrascht. Das Einzige, was ich bis dahin zu ihr gesagt hatte, waren die paar Sätze am Tag zuvor im Nomad's gewesen. Dass ich Klubmitglied werden wollte, wusste, wo das Starbucks war, und morgen um drei dorthin kommen würde.

Gavin holte vier große Milchkaffee und drei Chocolate Brownies von der Theke. Ich redete mir ein: Sie hat dich im Buchladen angesprochen; sie hätte es nicht getan, wenn sie in einen der anderen zwei verliebt wäre. Gerne wollte ich das glauben – und gar nicht wissen, wie sie Gavin und Garrett kennen gelernt hatte. Die beiden ließen wie zwei Affen ein Bein über die Lehne der purpurfarbenen Samtsessel baumeln. Ich saß steif und aufrecht neben Kate auf dem Sofa. Alles an ihr war halblang: der braun-beige gemusterte Rock, die säuberlich aufgerollten Ärmel ihrer eng geschnitten weißen Bluse mit großem spitzen Kragen und die blonden Haare, die sie gerne mit einer kurzen Kopfbewegung ins Gesicht fallen ließ, um sie dann mit einer heftigeren Halsbewegung wieder nach hinten zu werfen. Ich wartete darauf, dass sie etwas sagen würde. Dass ich einen Grund hätte, sie anzusehen.

Ich wusste nicht, was die drei von mir erwarteten, doch auf wunderbare Weise fühlte ich mich sofort sicher an der Seite von Kate, Garrett und Gavin. Ich wusste nichts über sie und war mich sicher, sie wären wie ich. Junge Leute Anfang zwanzig, die ungeduldig darauf warteten, dass das Leben, das wahre, wilde Leben sie endlich entdecken würde, die viele Flausen im Kopf hatten und die vage Idee, dass es reichte, in London zu sein, um es als Künstler zu schaffen. Denn das war doch London: Jarvis Cocker war hier arbeitslos gewesen und morgens um elf ins Pub gegangen. Nick Hornby hatte als Hilfslehrer gejobbt, melancholische Musik gehört und samstags um drei bei Arsenal im Stadion auf der Stehplatztribüne gestanden. Tracy Enim hatte morgens lange und oft mit anderen Männern geschlafen und die benutzten Kondome, die leeren Wodka-Flaschen und getragenen Slips, die sich um ihr Bett herum angesammelt hatten, selten weggeräumt. Und auf einmal, unvorhersehbar, einfach so, wollten Millionen Jarvis Cockers Popband *Pulp* hören, wollte alle Welt Nick Hornbys Tagebuch eines Arsenal-Fans lesen, wurde Tracy Enims verdrecktes Bett als Kunstwerk für den Turner-Preis nominiert.

Auf einmal, unvorhersehbar, einfach so: Wie viele junge Leute zog London in seinen Bann, die glaubten, dass es wirklich so gehe, dass es ihnen genauso ergehen könnte wie Cocker, Hornby, Enim. Wie viele junge Tagträumer wohnten in London, die von der Kunst nicht leben konnten, aber trotzdem schon einmal so lebten, wie sie sich ein Künstlerleben vorstellten? Ein bisschen Komponieren, ein wenig Schreiben, viel in Cafés oder Bars Sitzen und Warten; vor allem Warten. Darauf, dass London sie groß machen würde.

Als die Labour-Regierung 1999 ankündigte, die Arbeitslosengelder zu kürzen, gab es einen Riesenaufschrei – von den Londoner Künstlern: Das sei der Tod der Kunst, ein Mord an der Kreativität! Ohne das Arbeitslosengeld hätte er nie Vormittage im Pub abhängen und ab und an Lieder mit seiner Band einstudieren können, erklärte Jarvis Cocker voller

Wut und vollen Ernstes in der BBC – ohne Arbeitslosengeld würde es *Pulp* nicht geben!

Ein Träumer sein: Wo sonst, wenn nicht hier? In London, einer Stadt, die keinen Modetrends folgt, die, ob bei Kleidung, Musik oder Literatur, bloß ständig welche schafft.

Anscheinend gab es kein festes Sitzungsprogramm in unserem Club. Was ich davon hielte, dass Theroux nicht mehr in London, sondern auf Hawaii lebe, fragte mich Garrett abrupt. Erst anderthalb Stunden später fiel mir auf, dass wir uns noch immer nicht richtig vorgestellt hatten. Sie waren alle drei Südwest-Londoner, kannten sich aber erst seit diesem Herbst, seit sie zusammen am King's College Literatur studierten.

»Wie cool von Theroux nach Hawaii zu ziehen«, sagte Gavin – *How wicked of Theroux.*

»Ausgerechnet Hawaii, wo es keine einzige Bibliothek gibt«, sagte ich, und die anderen lachten anerkennend.

»Stellt euch Naipauls Gesicht vor, als er erfuhr, dass Theroux nach Hawaii gezogen ist«, fordert uns Kate auf, und wir strengten uns an, noch mehr zu lachen, weil sie es war, die das gesagt hatte. »Wohnt auf einer Insel, wo die Leute, wenn sie ein Buch sehen, fragen: Kann ich darauf surfen?«, fuhr sie fort. »Was für eine Botschaft an Naipaul: Ich wohne jetzt auf der Insel der Analphabeten und schreibe noch immer bessere Bücher als du.«

Sie warf ihre Haare nach hinten, und unabsichtlich, vermutlich ohne es zu bemerken, berührte sie mit ihrem Ellenbogen meinen linken Oberarm. Doch so sehr ich mich auch bemühte, jede ihrer kleinen Gesten zu registrieren und zu analysieren – ich wurde nicht schlau daraus. Es war nicht zu erkennen, wen von uns dreien sie liebte; ob sie einen von uns dreien liebte.

Gavin und Garrett bemerkten nichts von meinem Eifer, Kates Bewegungen, jeden ihrer Sätze zu deuten. Die Freude darüber, wie gut wir uns alle verstanden, machte sie blind.

Wir liebten nicht nur Kate, wir hassten auch V. S. Naipaul: »Dieser blasierte Sack, der – warum auch immer – den Nobelpreis gewonnen hat, weswegen nun alle Welt seine Bücher kauft, anstatt die wirklich guten Autoren zu lesen, Paul Theroux, J. M. Coetzee, Ian McEwan«, sagte Kate. »Alle Welt redet von Naipaul und die wirklich guten jungen Autoren bekommen keine Chance, Robert McLiam Wilson, Damon Galgut, Nicola Barker«, sagte ich. Ich hatte nie etwas von Naipaul gelesen. Gavin holte noch vier große Milchkaffee und drei Chocolate Brownies.

Von da an trafen wir uns jeden Nachmittag im Starbucks Café. Meist blieben wir, bis um acht geschlossen wurde, oft waren wir noch dort, während die Bedienungen schon putzten. Wir hätten uns nie getraut, früher zu gehen, denn wir glaubten: Das nächste Wort von Kate konnte die Welt verändern. Dabei redeten wir über Literatur und sparten das literarischste aller Themen beflissentlich aus. Wir diskutierten über Theroux und erwähnten bloß nicht das, was er meisterhaft beschrieb. Von der Liebe kein Wort. Das Risiko, nebenbei zu erfahren oder zumindest ahnen zu können, wen Kate liebte, war zu groß. Denn mindestens zwei von uns, vielleicht auch alle drei, würden dann erfahren, dass sie es nicht waren.

Kate schien als Einzige die Liebe nicht zu vermissen. Uns anderen rutschte sie ständig heraus – wie hätte es auch anders sein können, denn Therouxs Werke waren voll davon. Liebe. Wir bissen uns auf die Zunge, und Kate schien nichts zu merken. Als die Gedanken Gavin wieder einmal davontrugen und er gestand, dass die erste Frau, in die er richtig verliebt war, Lucy gewesen sei, die Jugendliebe des Icherzählers in Therouxs Roman *My Secret History*, als ich daraufhin betreten schwieg, Garrett seine Kaffeetasse anstarrte und Gavin das Blut nur so in die Ohren schoss, überlegte Kate einen Moment lang und sagte dann: »Ja, Theroux ist ein Meister des Dialoges. Die Gespräche zwischen Andrew, dem Icherzähler, und Lucy können einen verzaubern.«

War das ihr Ernst?

Merkte sie wirklich nicht, wie sehr wir sie liebten, oder war sie nur sehr elegant in ihrer Art, uns nicht zu verletzen?

»Hat jemand was verloren?«, fragte sie. »Nein, nein«, antwortete ich, aber wir drei anderen suchten immer noch nach etwas auf dem Boden – nach etwas, worauf wir unseren Blick richten konnten.

Wir ahnten, dass die Filiale einer ordinären amerikanischen Kaffeehaus-Kette, in der vor allem die Ehefrauen Überstunden anhäufender Banker die Nachmittage mit ihren Kleinkindern verbrachten, nicht unbedingt als akzeptabler Treffpunkt für die junge literarische Avantgarde Londons durchging. Doch falls sich einer von uns fragte, ob dies später einmal gegen uns verwandt werden könnte, so tat er es nur still. Garrett sah uns in der Tradition Therouxs: »Das Starbucks ist unser Hawaii. Literatur an den unliterarischsten Orten zu machen, ist die wahre Kunst.« Es gab allerdings auch einen anderen, schlichteren Grund warum wir ins Starbucks gingen. Gavin kannte das katalanische Mädchen, das hier bediente. Wir bekamen den Milchkaffee und die Chocolate Brownies umsonst. Was allerdings die Literatur an unliterarischen Orten betraf, so gab es diesbezüglich ein kleines, aber nicht unwesentliches Problem. Keiner von uns schrieb bislang.

Wohl auch deshalb sprach Gavin am sechsten Tag, nachdem Kate mich im Nomad's beobachtet hatte, endlich aus, was wir alle unterschwellig fühlten: »Wir sollten irgendwas tun.«

Kate stimmte ihm sofort zu, und dann dachten wir eine Weile nach. Wir sahen konzentriert – als sei jede ihrer Bewegungen für uns entscheidend – einer Banker-Ehefrau zu, wie sie versuchte, mit der rechten Hand die Tür zum Café aufzustoßen, ohne die linke von der Stange ihres Kinderwagens zu nehmen. Eine Bedienung kam, um leere Tassen einzusammeln, es war aber nicht Marta, die Katalanin, sondern Patricia, die Galizierin, mit der ich vom zweiten Tag an immer ein paar Worte mehr gewechselt hatte. Sie schaute fragend zu mir herüber und wandte sich ab, als ich ihrem Blick auswich. Für einen Moment verstummten auch die zwei Frauen am Nachbartisch, als ob ihnen ihr Reden angesichts unseres Schweigens unangebracht schien. Die Milchschäummaschine zischte aber noch. Jemand, den ich aus unserer Ecke heraus nicht sehen konnte, rief: »Ich dich auch«; es klang als spreche er in ein Handy. Und die zwei Frauen am Nachbartisch nahmen ihr Gespräch wieder auf. Wir blieben allein unter all den lebhaften Gästen in dem lärmenden Café, eingehüllt in unser Schweigen. Außer Garrett hatten wir alle unseren Milchkaffee schon ausgetrunken, aber Gavin traute sich angesichts der Ruhe nicht aufzustehen und Kaffee nachzuholen. Dann kam Garrett die Idee:

»Wir sollten ein richtig großes Ding machen.« Wir waren alle sofort begeistert.

Bis Kate fragte: »Woran genau habt ihr gedacht?«

Wir kamen einfach nicht drauf. Es war nicht so, dass wir keine Ideen gehabt hätten.

»Wir sollten einen Verlag gründen«, sagte Garrett.

»Stellt euch vor, wir könnten Theroux verpflichten«, sagte ich.

»Wir würden Theroux als einzigen Autor verpflichten, wir wären der Theroux-Verlag«, sagte Gavin.

»Was dann wohl der *Daily Telegraph* schreiben würde?«, fragte ich.

»Der *Telegraph* würde vermutlich Naipaul bitten, einen Artikel über uns zu schreiben«, sagte Gavin verächtlich.

»Okay«, sagte Kate, »jetzt bitte realistische Vorschläge.«

Gavin holte noch vier große Milchkaffee und drei Chocolate Brownies. Wir dachten daran, eine Zeitschrift zu gründen, wir wollten ein Literaturfestival veranstalten, eine Enzyklopädie Londoner Schriftsteller herausgeben. »Die besten

Londoner Schriftsteller sind keine Londoner«, sagte Kate und weil es Kate war, die das sagte, kamen wir von unserem Ziel, das große Ding zu finden, wieder ab, um stattdessen darüber zu reden, ob Leute, die keine Londoner waren, tatsächlich die besten Londoner Schriftsteller waren.

»Paul Theroux: Amerikaner, J. M. Coetzee: Südafrikaner, Kazuo Ishiguro: Japaner«, sagte Kate, »die besten Romane über London haben Ausländer geschrieben.«

»*My Secret History* von Theroux, *Youth* von Coetzee, *When We Were Orphans* von Ishiguro – du hast Recht«, sagte ich.

»Aber sie haben alle in London gelebt; sie wurden nur die Schriftsteller, die sie sind, weil sie hier gelebt haben, weil sie von unserer Stadt inspiriert wurden«, sagte Gavin: »›Wir gingen durch den Regen, und London schien mehr denn je eine unterirdische Stadt zu sein. Ich fand dieses schmierig-nasse Wetter aufregend‹, schreibt Paul Theroux in *My Secret History*.«

»›London mag zwar ein kaltes steinernes Labyrinth sein, aber hinter seinen abweisenden Mauern sind Frauen und Männer damit beschäftigt, Bücher zu schreiben, Gemälde zu malen, Musik zu komponieren. Jeden Tag geht man auf den Straßen an ihnen vorüber, ohne ihr Geheimnis zu ahnen, weil es die berühmte und bewundernswerte britische Zurückhaltung gibt‹«, rezitierte Kate, »J. M. Coetzee: *Youth*.«

»Ishiguros *When We Were Orphans* spielt gar nicht in London«, behauptete Garrett.

»Teilweise schon«, entgegnete ich: »›Ich verbrachte ganze Nachmittage damit, durch die Straßen von Kensington zu spazieren, mir selber Pläne für meine Zukunft zu erklären, ab und an innehaltend, um zu bewundern, dass hier in England, selbst mitten in solch einer großen Stadt, an den Wänden der noblen Häuser Kletterpflanzen und Efeu wuchsen‹«. Und schon hatten wir uns wieder um Stunden entfernt von unserem wahren Ziel, das große Ding zu finden. Das machte uns aber nichts aus. Wir wussten, wir würden Schriftsteller werden. Nur im Moment waren wir einfach zu faul dafür.

»Martin Amis, Ian McEwan, Hanif Kureishi«, sagte Kate, »vielleicht habt ihr Unrecht, und die besten Romane über London haben doch die echten Londoner geschrieben.«

»*London Fields* von Amis, *Amsterdam* von McEwan, *The Buddha of Suburbia* von Kureishi – vielleicht hast du Recht«, sagte ich.

»Wenn London ein Spinnennetz ist, was bin dann ich? Vielleicht bin ich eine Fliege, vielleicht bin ich die Fliege im Netz«, sagte Garrett, »Martin Amis, *London Fields*.«

»Es hieß, es habe heute minus elf Grad in Central London. Minus elf Grad. Es war offensichtlich, dass irgendetwas nicht stimmte mit der Welt, etwas, für das sich weder Gott noch seine Abwesenheit verantwortlich machen ließ«, sagte ich. »Ratet mal.«

»McEwan, *Amsterdam*«, sagte Kate.

»McEwan wohnte lange in Oxford«, sagte Gavin.

»Aber was ist mit Julian Barnes?«, fragte Garrett.

»Barnes und Amis hassen sich wie Theroux und Naipaul«, sagte Kate.

»Niemand sieht heimatloser aus als ein Inder im Mantel‹, schreibt Theroux in *My Secret History*. Er meint Naipaul«, sagte ich.

»Die Frau von Barnes war Amis' Agentin, und als er sie rauswarf, brach Barnes mit ihm«, sagte Gavin.

»Frauen!«, sagte Garrett und erschrak über sich selber. Ich biss mir auf die Lippen.

»Ich hole noch vier große Milchkaffee und drei Chocolate Brownies«, sagte Gavin schnell. Kate sah aus dem Fenster.

Ich weiß nicht, ob ich auch für die anderen sprechen kann; wir haben nie darüber geredet, aber ich glaube, nach drei Wochen ging es uns allen so. Wir hatten uns damit abgefunden, dass wir das große Ding nicht mehr unbedingt finden würden. Eine Literaturzeitung wäre natürlich nicht schlecht gewesen – aber wenn, müsste es schon eine mit ordentlicher Auflage sein, im Hochglanzformat, mit großen Interviews, anerkannt bei

Londoner Verlagen, sagte Gavin. Was ihn anwidern würde, wäre eines dieser billigen, kopierten Studentenblätter zu machen, von denen es schon Hunderttausende gebe. Ein Literaturfestival wäre im Prinzip nicht die übelste Idee – aber wenn, müssten wir es im Zentrum unseres Literaturklubs machen, also im Starbucks Café, damit das Festival in den Augen der Öffentlichkeit untrennbar mit uns verbunden wäre, damit unsere Gruppe endlich die Aufmerksamkeit fände, die sie verdiene, sagte Garrett. Und im Starbucks könnten wir so etwas ja wohl kaum machen. Eine Enzyklopädie Londoner Schriftsteller wäre selbstverständlich super – aber wenn, dann wollten wir doch entscheiden, welche Autoren wir aufnahmen, sagte ich. Was ich befürchtete, war, dass uns jeder Verlag dazu zwingen würde, Naipaul zu erwähnen, und zwar ausführlich. »Ihr verwerft eure Ideen so schnell, dass man das Gefühl haben könnte, die Literatur interessiere euch gar nicht ernsthaft«, sagte Kate. »Was interessiert euch überhaupt?«

Es war wie so oft, wenn man krampfhaft nach etwas sucht. Das große Ding kommt schließlich ganz von alleine, dann, wenn man sich schon gar nicht mehr darum bemüht. Es fiel uns an einem Donnerstag im Dezember einfach so in den Schoß, als sich der Tag mit einem letzten, schüchternen Licht schon um kurz nach vier verabschiedete und die Katalanin frei hatte. Deshalb hatte ich die Aufgabe übernommen, vier große Milchkaffee und drei Chocolate Brownies von der Theke zu holen. Bei Patricia, der galizischen Bedienung, bekam ich die Sachen umsonst, was mich ein wenig beunruhigte. Wenn die Katalanin Gavin umgarnte und Patricia rührend nett zu mir war, hieß das dann, dass sie sich sicher waren, dass wir beide frei waren – dass also Garrett Kates Favorit war? Kate wartete, bis ich den Milchkaffee abgestellt hatte, bis wir anderen drei in unsere Brownies bissen. Sie zog sich den braunen, eng geschnittenen Mantel aus, legte ihren Schal fein säuberlich zusammen und ihre übereinander gefalteten Hände in den Schoß.

»Ich hab's«, sagte sie.

Wir würden einen Literaturwettbewerb gewinnen. Das war alles. Kates großer Einfall. Das große Ding. Wir anderen drei schwiegen. »Wow!«, sagte Gavin dann. »Aber bitte nicht den Nobelpreis«, sagte Garrett. »Wir wollen doch keine Naipaul-Nachfolger werden.« Ich lachte, aber nicht lange, als ich Kates Gesicht sah. »Schon gut, war doch nur ein kleiner Witz von Garrett. Erzähl, wie du dir es vorgestellt hast«, sagte ich.

Als Erstes bräuchten wir einen Namen, sagte Kate. Bislang hatte es gereicht, ein Literaturklub zu sein, aber nun, da wir dabei waren, in die Öffentlichkeit zu treten, mussten wir als eine Bewegung, eine Richtung der jungen Londoner Literatur auftreten. Wir überlegten, ob wir einen Roman zusammen schreiben sollten, verwarfen die Idee aber wieder und einigten uns darauf, bei dem Literaturwettbewerb einzeln anzutreten, aber hinter unseren Namen einen Schrägstrich zu setzen und dann den Namen unserer Bewegung zu nennen.

»*Fulham talks*«, sagte Gavin.

»*Down and out*«, sagte Garrett.

»Etwas Klassisches«, forderte ich: »Vielleicht *School of Theroux*.«

»Jungs«, sagte Kate.

Okay, sagten wir, wir überlegen nochmal, wir können in der Zwischenzeit schon mal nach Literaturwettbewerben suchen. Die Straße hinunter in Richtung Fulham Broadway gab es auf der rechten Seite ein von Argentiniern betriebenes Internet-Café. Kate setzte ihre braune Wollmütze auf, nur die Spitzen ihrer blonden Haare schauten an den Seiten hervor, die Absätze ihrer Stiefel klapperten energisch rhythmisch auf dem alten, aufgerissenen Asphalt der Fulham Road, und ich dachte: Ich weiß schon, worüber ich schreiben möchte.

Im Internet stießen wir auf 148 britische Literatur-Preise: James Tait Black Memorial Prize, Encore Award, Geoffrey Faber Memorial Prize, Guardian First Book Award, Hawthornden Prize, Winifred Holtby Prize, International IMPAC Dublin Literary Award, Jewish Quarterly Literary Prizes...

Auf unser Profil schien kein Einziger zu passen. Junge Literatur-Bewegung, noch ohne Namen, noch ohne etwas geschrieben zu haben, von der Großes zu erwarten ist. Wir gingen zurück ins Starbucks, Gavin holte vier große Milchkaffee und drei Chocolate Brownies, und wir warteten auf das, was uns als Nächstes einfallen würde. Zwei Tage später hießen wir *The Late Therouxists*.

Es sei doch so, erklärte uns Kate, dass sich wegen des Nobelpreises nun ganz London an Naipauls Stil orientieren werde. Nur wir würden dem Trend trotzen, die letzten Schreiber in der Tradition Therouxs. Und weil wir dieselbe Selbstironie wie Theroux hatten, nannten wir uns *The Late Therouxists,* was sowohl *Die toten Therouxists* als auch *Die verspäteten Therouxists* bedeuten konnte, worüber die Literaturwissenschaftler und Kritiker sich die Köpfe zerbrechen würden.

»Genial«, sagte Gavin.

»Absolut«, sagte Garrett.

»Danke, Kate«, sagte ich.

Wir stießen mit unseren Milchkaffees an. Patricia und Marta schauten von der Theke herüber, lächelnd, um grundsätzliche Zustimmung zu signalisieren, aber auch ahnungslos, weil sie zu schüchtern waren, um nach dem Grund unserer Freude zu fragen. Wir spürten einen unbekannten Schwung, ein völlig neues Selbstbewusstsein. *The Late Therouxists.* Wir waren bereit. Auch wenn wir noch nicht wussten, wozu.

Ich weiß nicht, was ich genau erwartete, vermutlich bloß, dass nun irgendetwas passierte. Aber es passierte nichts. Wir trafen uns weiter jeden Nachmittag im Starbucks Café, wir sprachen über Theroux, Naipaul und die großen Dinge, die die *Late Therouxists* leisten könnten. Wir bekamen weiterhin unseren Milchkaffee und die Chocolate Brownies umsonst, auch wenn Marta und Patricia uns diese nur noch aus Routine, ohne Enthusiasmus zu geben schienen, als ob sie sich von uns, also von Gavin und mir, nichts mehr erhofften. Doch es tat sich nichts. Nichts, was wir uns von der Gründung der Bewegung der *Late Therouxists* versprochen, erwünscht, erträumt hatten. Und wir wussten auch warum.

»Und fehlt einfach eine Rivalität«, sagte ich eines Nachmittags. »So wie zwischen Theroux und Naipaul.«

»Wir haben niemanden, an dem wir uns reiben, an dem wir uns messen können, niemanden, der uns zu großen literarischen Leistungen anspornt«, sagte Gavin.

Es war ein grundsätzliches Südwest-Londoner-Problem, erkannte Garrett: Die große Londoner Rivalität besteht zwischen Nord und Süd; und natürlich hassten auch wir in Fulham, im Südwesten, den verdammten Süden. Aber wir waren außen vor. Wenn die Leute fragten, auf welcher Seite der Themse wohnst du, wenn sie sich spalteten in Nord- und Süd-Londoner, in zwei Welten, die weiter voneinander entfernt sind als West- und Ostblock zu Zeiten des Kalten Krieges, dann gehörten wir einfach nicht dazu. Der parteilose Südwesten, der alle Beteiligten kalt lässt und auch noch auf beiden Seiten der Themse liegt, Wimbledon, Putney, Richmond im Süd-Südwesten, Fulham, Chelsea, Chiswick im Nord-Südwesten. Wir konnten auf keine Rivalität zurückblicken, auf niemanden, der den Südwesten hasste. Wir waren dem Rest von London seit jeher gleichgültig, und diese Gleichgültigkeit war das Schlimmste.

»Theroux hat in seinen Londoner Jahren in Süd-London gewohnt«, sagte Gavin. Ich verstand nicht, warum er das jetzt sagen musste.

Wir stimmten darin überein, dass wir Reibung, Rivalität brauchten, um vorwärts zu kommen. Wir mussten Naipaulisten finden, von mir aus auch Amisisten oder McEwanisten.

Wir müssten provozieren, polemisieren, dann kämen die Rivalen aus ihren Löchern gekrochen, prophezeite Gavin.

Uns fehle die Plattform dazu, sagte Garrett.

Wir müssten sie uns schaffen, sagte ich.

»Wir müssen schreiben«, sagte Kate.

Es war demütigend festzustellen, dass ich gar nicht wusste, wie man dies anstellte. Schreiben. Ich hatte es immer für selbstverständlich gehalten, dass ich eines Tages schreiben würde, Gedichte, Kurzgeschichten, Novellen. Aber nun erkannte ich, dass das etwas ganz anderes war als Zeitungsartikel oder Studienaufsätze zu verfassen. Ich glaube, den anderen ging es genauso. Doch wir redeten nicht darüber. Wie hätten wir als *Late Therouxists* das auch zugeben können? Theroux hatte nie Schreibblockaden. In Interviews hat er oft seine Verachtung für all die Schriftsteller gezeigt, die das Schreiben quälte (uns war klar, dass er damit auf Naipaul abzielte).

»Rivalität« hatte Kate als Thema vorgegeben. Die Idee war, dass jeder drei, vier Kurzgeschichten dazu schreiben würde, und wir die gesammelten Werke dann in einem Buch veröffentlichen würden. Wir konnten uns den Titel und die Verlage, die infrage kommen würden, schon gut vorstellen. Und das Aufsehen, das der mysteriöse Autorenname verursachen würde: *Rivalries. By The Late Therouxists.*

Wir schrieben jeden Tag vom frühen Nachmittag bis zur Sperrstunde des Starbucks Cafés. Ich genoss die Momente, in denen ich von meinem Laptop aufsah, einen Kugelschreiber im Mund, aus dem Fenster blickte, dabei so tat, als ob ich nachdachte, und dann den Blick über die anderen wandern ließ. Zuerst sah ich Gavin, der weit vorgebeugt über seinem Papier lehnte, er hatte keinen Laptop, sein Rücken machte einen Buckel, die große Brille rutschte ihm ständig von der Nase, weil er den Kopf so tief hielt, er schob sie ständig zurück, versunken in seine Arbeit. Garrett, der zurückgelehnt, den rechten Arm angewinkelt und die Hand flach auf dem Hinterkopf, seinen Bildschirm betrachtete, kritisch, aber wach, konzentriert der Blick. Und dann Kate. Ich hörte dem Geklapper ihres Laptops zu, das heftig und hektisch war. Ihre Wangen hatten rote Flecken, ihre Augen waren zusammengekniffen, von ihrer Nase aufwärts schnitt sich eine tiefe Falte in ihre Stirn. Sie sah zornig aus. Sie sah phantastisch aus.

Dann klimperte ich wieder auf meinem Laptop herum. Abends, wenn ich zu Hause war, schrieb ich wirklich. Mir fiel im Starbucks nichts ein, ich sah, auch wenn ich auf meinen Laptop schaute, immer nur Kate vor mir.

Ich schrieb eine Geschichte über ein Südwest-Londoner Mädchen, das ich Cathrine nannte. Sie musste zum Literatur-Studium nach Nord-England und wurde von den Studentinnen dort geschnitten, als sie merkten, dass alle Jungen hinter Cathrine her waren. Cathrine fing daraufhin aus Verzweiflung etwas mit ihrem 63-jährigen Professor an, um den anderen Mädchen zu beweisen, dass sie ihnen die Jungs nicht streitig machen wollte. Doch nun schnitten die anderen Mädchen sie erst recht, denn sie fanden es ekelhaft, etwas mit einem so alten Mann anzufangen. Und als der Professor merkte, dass Cathrine nur aus strategischen Gründen mit ihm zusammen war, hängte er sich zwei Zwanzig-Kilo-Eisengewichte, die er aus dem Fitness-Studio der Universität entwendet hatte, um den Hals und stürzte sich in die Nordsee. Cathrine war für ihn schon die sechste unglückliche Liebe zu einer Studentin gewesen. An diesem Punkt wusste ich nicht mehr so recht weiter und beschloss, erst einmal die zweite Kurzgeschichte anzufangen.

Ich schrieb über zwei Marktfrauen, die ihre Stände direkt nebeneinander auf der North End Road in Fulham hatten. Die eine war eine Frau aus der Arbeiterklasse, deren Familie seit neunzig Jahren den Obst- und Gemüsestand auf dem Fulhamer Markt betrieb. Sie pries ihre Waren mit lauter, tiefer Stimme an und hob die Kartoffeln- und Gurkenkisten mit dicken, kräftigen Armen. Alle Kunden kamen zu ihr. Eines Tages jedoch wechselte der Stand direkt neben ihr, an dem bisher ein alter Mann mit vorstehendem Kinn, dem Haare aus den Ohren wuchsen, Krimskrams verkauft hatte – Batterien, Nagelfeilen, Taschenlampen. Nun stand dort eine Frau, die niemand kannte und die auch Obst und Gemüse verkaufte. Sie war Mitte vierzig und trug ein hellblaues Kopftuch über den blonden Haaren. Man sah ihr sofort an, wie schön sie einmal gewesen war. Tatsächlich hatte sie noch immer ein hübsches, liebes Gesicht, aber in ihren Augen erkannte man eine mysteriöse Traurigkeit. Die Leute hätten gerne etwas bei ihr gekauft, doch ihr Angebot war kümmerlich, Mitleid erregend arm, und es den Kunden nicht wert, die kräftige Marktfrau nebenan gegen sich aufzubringen. Ich schrieb über die Geheimnisse, die die schöne blonde Frau in sich verbarg. Man glaubte, dass sie Caroline oder Katie hieß, wusste es aber nicht genau, und dass sie wohl mit Anfang zwanzig einen großen Fehler begangen hatte. Auch hier kannte man nur Gerüchte, die vage von einem armen Schriftsteller handelten, der die Liebe ihres Lebens gewesen sein musste. Sie habe ein Kind alleine großgezogen, ein nierenkrankes Kind. Sie sparte, sie machte Schulden, die in die Hunderttausende gingen, um ihrem Kind eine Nierentransplantation zu ermöglichen. Die Ärzte warnten, die Chancen ständen 50 : 50. Tod oder Leben. Sie wusste es. Sie arbeitete Tag und Nacht: morgens auf dem Markt, dann in einem Chemie-Labor, um das Geld zusammenzubekommen, um sich die Schulden nicht über den Kopf wachsen zu lassen. Bei der Operation starb das Kind.

Ich baute Sätze ein wie »Jetzt hatte ich ein Geheimnis, und es war wie eine Krankheit« oder »Ich wusste, ein Doppelleben ist nicht eine von zwei Existenzen, die man mit der anderen austauscht wie ein Schauspieler, der die Kostüme wechselt. Beide Leben werden gleichzeitig gefühlt und geführt.« Ich schrieb sie bei Theroux ab. Als ich die Geschichte fertig hatte, fiel mir auf, dass ich das eigentliche Thema, die Rivalität der Marktfrauen, völlig vergessen hatte.

Als ich daran ging, meine dritte Geschichte zu schreiben, war die Stimmung unter den *Late Therouxists* schon fatal. Das Schreiben raubte uns die gute Laune, den Humor und manchmal, glaubte ich, auch den Verstand. Wut funkelte in Kates Augen, während sie schrieb, sie redete nun oft mit sich selbst, leise. Ich konnte es nicht verstehen, glaubte aber das

Wort *shit* heraushören zu können, *shit, shit, shit.* Ihre offensichtlichen Schreibprobleme belasteten uns alle. Wir wollten ihr gerne helfen und wussten doch zu gut, dass wir Kate zerstören würden, wenn wir es versuchten; wenn wir ihr zu erkennen gäben, dass wir um ihre Probleme wussten.

Wir taten also so, als sei alles klasse, sicher auch Kates Geschichten. Doch auch zwischen uns anderen war es nicht mehr so wie früher. Wir begannen uns zu misstrauen. Ich war halbe Nachmittage damit beschäftigt, Garrett und Gavin nicht auf meinen Bildschirm schauen zu lassen. Dabei fiel mir nachmittags im Café sowieso nichts ein, was sie hätten abschreiben können. *Rivalries* machte uns zu Rivalen. Wir hätten es nie zugegeben, wir hätten es uns noch nicht einmal selber eingestanden, aber natürlich, heute sehe ich es klar, dachten wir alle dasselbe: Kate liebt Literatur, und wenn ich die beste Literatur unter den *Late Therouxists* schreibe, wird sie endlich auch mich lieben.

Davon angespornt schrieb ich die dritte Geschichte. Ich schrieb sie zweimal um und am Ende war es eine ganz andere Geschichte als am Anfang. Sie handelte von einem Vater aus Wandsworth in Süd-London, einem berühmten Maler, der sich immer gewünscht hatte, dass sein Sohn auch Künstler würde. Als der Sohn dann tatsächlich Künstler wurde, nämlich Popsänger, und berühmter als der Vater, raste dieser vor Eifersucht, obwohl er sich gegen das schäbige Gefühl wehrte und verzweifelt versuchte, dagegen anzukämpfen. Er verstieß den Sohn und bereute es schon im selben Moment, aber er konnte nicht anders. Eine blonde Nachbarin spielte eine Nebenrolle in der Geschichte. Ich war zum ersten Mal während meiner kurzen Zeit in der Bewegung der *Late Therouxists* glücklich mit einem meiner Werke. Ich hatte, fand ich, den Seelenkonflikt des Vaters einfühlsam dargestellt, ohne in Klischees zu verfallen, ich hatte, wie es sich für einen *Therouxist* gehörte, viel mit Dialogen gearbeitet und war mir sicher, dass das Vater-Sohn-Thema Kate beeindrucken würde. Therouxs

Sohn Louis hatte mit seiner verrückten Fernsehshow in der BBC die Popularität seines Vaters weit übertroffen. Wir hatten oft darüber geredet – über die Ungerechtigkeit, dass das Fernsehen viel mehr Leute erreichte als die Literatur, und darüber wie Paul Theroux wohl damit fertig würde.

Ich war zufrieden. Daher konnte ich auf einmal auch meine erste Kurzgeschichte ohne Probleme zu Ende schreiben. Die zweite glättete ich noch ein wenig. Dann wartete ich. Doch die anderen wurden nicht fertig.

Vier Monate und dreizehn Tage, nachdem mich Kate im Buchladen beobachtet hatte, brach sie in Tränen aus. Wir versuchten, mit ihr zu reden, wir versuchten, sie zu trösten. Es war sinnlos.

Irgendwann hörte sie auf zu schluchzen. Die Tränen liefen ihr lautlos über die Wangen. Ich konnte die Kontaktlinsen auf ihren Pupillen erkennen, so sehr glänzten ihre Augen. Mir war egal, ob andere Gäste im Café zu uns hinübersahen, mir war es überhaupt nicht peinlich.

Sie könne nicht schreiben, sagte Kate leise, ausdruckslos: Es werde einfach nichts.

Sie lehnte sich zurück in den purpurfarbenen Sessel, mit dem Handrücken wischte sie sich die Tränen aus dem Gesicht. Patricia, die galizische Kellnerin, kam vorbei, um leere Tassen einzusammeln. Ich sah Kate an und wusste, wir, alle drei, hatten sie verloren.

Londoner V:
Marta Kasencakova

Marta Kasencakova beim Sonntagsessen im südindischen Restaurant *Sagar*, 157 King Street, Hammersmith:

Mit 16 war ich slowakische Vizemeisterin im Schreibmaschineschreiben. Ich schaffte 380 Anschläge pro Minute, fehlerfrei. Tippen ist noch immer mein Hobby. Und ich denke, ich bin immer noch einigermaßen schnell. Wenn ich im Internet-Café bin, teste ich mich manchmal selbst. Hier in England zählen sie ja nicht wie in der Slowakei nach Anschlägen, sondern nach Wörtern. Typisch, sie müssen alles anders machen: Sie wiegen sich in *stones*, nicht in Kilos, sie messen sich in *feet*, nicht in Zentimeter, sie geben die Temperatur in Fahrenheit an, nicht in Celsius. 65 Wörter pro Minute schaffe ich.

Dass ich nicht mehr in meinem Beruf arbeiten konnte, seit ich vor sieben Jahren nach London kam, tut mir am meisten weh. Ich hatte einen guten Job in der Slowakei, ich war Buchhalterin mit nicht wenig Verantwortung in einem nicht kleinen Betrieb in Puchov. Wie gerne ich wieder in einem Büro arbeiten würde, Kollegen um mich herum hätte. Wie gerne ich wieder meinen Kopf benutzen würde. Stattdessen arbeite ich als Rezeptionistin am Hammersmith Hospital und als Kindermädchen bei einer reichen amerikanischen Familie in Parsons Green. Das sind die Jobs, die man als Osteuropäerin kriegen kann. Bis vor kurzem bekamen wir Slowaken überhaupt kein Arbeitsvisum. Ich habe es gemacht wie alle Osteuropäer hier, wie Zehntausende junger Osteuropäer, die jedes Jahr nach London kommen: mich in einer Sprachschule eingeschrieben, dafür 800 Pfund im Jahr bezahlt und so ein Studenten-Visum bekommen. Das berechtigt einen, zwanzig Stunden die Woche zu arbeiten. In die Sprachschule geht man nie. Stattdessen machst du zwei verschiedene Zwanzig-Stunden-Jobs, das merkt niemand. Manche machen auch drei oder vier Jobs. Gelegenheitsarbeiten. Kellnern, Babysitten, Kassieren im Supermarkt. Oder Putzen. Ich musste nie putzen gehen, ich bin gut als Kindermädchen, ich kann 100 Pfund am Tag verlangen, die kriege ich, weil die Mütter wissen, dass ich gut mit den Kindern kann.

Jetzt sind wir ja Teil der Europäischen Union, aber das heißt noch lange nicht, dass ein Slowake sofort einen Bürojob bekommt. Wenn sich vier bewerben, drei Engländer und eine Slowakin – warum sollte den Posten ausgerechnet die Slowakin bekommen? Ich schreibe nun Bewerbungen, aber ich muss ehrlich zu mir selbst sein: Marta, es wird nicht einfach, einen guten Job als Buchhalterin zu finden.

Ich wollte nie nach London. Ich wollte nur weg von zu Hause. Mein Freund hatte mich verlassen, 1996. Ich war zwanzig, er war Fußballtorwart bei Matador Puchov und hat mich nicht gut behandelt, ich rede nicht gerne darüber. Meine Freundin Martina lebte zu diesem Zeitpunkt als Au-pair-Mädchen in London, also habe ich meinen guten Job gekündigt und bin auch dorthin. Ich kannte London von den Bildern aus den Schulbüchern. Ich habe meinen Schulabschluss unter anderem in Englisch gemacht, *Public Holidays in Britain* war das Thema, ich weiß es noch.

Die Wahrheit ist, dass es mir in meinem ersten Jahr in London schlechter ging als zu Hause. Ich war Au-pair bei einer indischen Familie in South Woodford. Ortsunkundige denken entweder, dass South Woodford im Süden ist, weil es ja

South Woodford heißt, oder sie denken, dass es im Norden liegt, weil es auf dem graphischen U-Bahn-Plan sehr nördlich eingezeichnet ist. Doch in Wirklichkeit befindet es sich in Ost-London. Ich fand die Straßen dort dreckig, die Häuser monoton. In der Familie wurde sehr oft Hindi untereinander gesprochen. Und wenn sie Englisch redeten, verstand ich genauso wenig, so einen starken Akzent hatten sie. Ich redete nur soviel wie nötig. Ich hatte solche Angst, Fehler im Englischen zu machen.

Von dem scharfen indischen Essen bekam ich Ausschlag. Mein Magen schwoll nach jeder Mahlzeit an wie ein Ball, der aufgepumpt wird. Heute weiß ich, dass ich Milchprodukte schlecht vertrage. Damals trank ich literweise indische Joghurt-Drinks. Meine Gasteltern versuchten wirklich, nett zu mir zu sein. Aber ich war einfach unglücklich. Ich wollte weg sein aus Puchov, meiner kleinen Stadt, wo jeder jeden kennt, wo jeder wusste, dass mich mein Freund hatte sitzen lassen. Jetzt war ich in Ost-London, wo mich niemand kannte – und musste merken, dass dies kein bisschen besser war.

Martina wohnte in West-London. Mit U-Bahn und Bus waren es mindestens anderthalb Stunden dorthin, sodass es sich nicht lohnte, abends nach der Arbeit noch zu ihr zu fahren. Also saß ich verloren in meinem Zimmer, bis endlich das Wochenende kam. Freitagabends fuhr ich mit dreißig Pfund zu ihr – das war alles, was ich als Au-pair in der Woche bekam. Und sonntags fuhr ich mit zwei Pfund zurück nach South Woodford. Wir trafen uns immer mit anderen jungen Tschechen und Slowaken und tranken, bis das Geld weg war. Nach einem Jahr ging ich zurück nach Puchov.

Im Prinzip hatte ich aufgegeben. Ich hatte mich damit abgefunden, wieder zu Hause zu sein, obwohl ich gleich merkte, dass meine alten Probleme von vorne begannen. Ich hatte zu Hause nie Selbstvertrauen, heute weiß ich, warum. Das habe ich später in London herausgefunden. Warum? Das ist zu persönlich.

Jedenfalls – was mir dann passierte, geschieht eigentlich nur in Filmen. Ich fand wieder einen guten Job in Puchov, erneut als Buchhalterin, was nicht leicht war, denn die Arbeitslosigkeit lag bei zwanzig Prozent oder mehr. Und während ich dann in der Firma saß, um den Vertrag zu unterschreiben, während der Chef mit dem Papier – mit meinem Vertrag, den ich nur noch unterschreiben brauche – die Treppe herunterkommt, dachte ich: Das ist es nicht, Marta. Ich habe dem Chef dann gesagt, es tue mir Leid, es ginge nicht, und bin zurück nach London.

Seitdem wohne ich in West-London. Die ersten drei Jahre nach meiner Rückkehr verbrachte ich als Kindermädchen bei einer netten Familie in Shepherd's Bush. Dann wurde ich »Englisch-Student« – wenn du weißt, was ich meine. Ich zog bei der Familie aus und begann, mich selbständig durchzuschlagen. Am Anfang lebte ich sicherlich schlechter, als ich in der Familie gelebt hatte. Miete, Essen – was das alles kostet in London! Aber ich musste diesen Schritt tun.

Man hat in London schnell das Gefühl zurückzubleiben, wenn man sich nicht verändert. Weil alle um einen herum ständig in Bewegung sind: Die Leute kommen und gehen, kommen und gehen. *London is a temp' place*, wie die Aussies sagen – ein Ort, wohin die Leute nur für eine Weile kommen. Ich schloss so viele Freundschaften mit Leuten aus der ganzen Welt, mit Aussies, Kiwis, Südafrikanern, Zimbos. Und irgendwann hörte ich immer: »Ich gehe zurück«, »Ich ziehe weiter.« Es tat jedes Mal weh. Nicht nur, weil ich meine Freunde verlor. Sondern auch, weil ich fühlte, sie schreiten voran, ziehen weiter in ein richtiges, solides Leben – und ich bleibe zurück in diesem *temp' place*, in diesem temporären Leben. Deshalb musste ich etwas in meinem Leben verändern, auch wenn dies hieß, dass es mir erst einmal schlechter gehen würde.

Ich habe mir dann mit Maria, einer slowakischen Freundin, ein Zimmer in einem Haus in Shepherd's Bush geteilt, in dem hauptsächlich Südafrikaner wohnten. 240 Pfund Miete im Monat musste ich für das halbe Zimmer zahlen. Wir lebten zu vierzehnt in dem Haus.

Maria brachte ständig irgendwelche Jungen mit aufs Zimmer. Aber ich habe das akzeptiert, wo sollte sie sonst hin? Genervt hat mich nur ihre Haltung. Sie war sehr religiös, sie schenkte mir immer Zettel oder Karten, auf denen stand *Jesus loves you*, und sie weigerte sich, mit den Jungen zu schlafen. Erst nach der Hochzeit, sagte sie. Aber sonst machte sie alles mit den Jungen! Mit ihrem Mund, mit... – ich wollte es gar nicht so genau wissen. »Maria«, fragte ich sie, »glaubst du etwa, das ist kein Sex, was du da praktizierst?« Nein, sagte sie. Das machte mich wütend. Diese Sturheit. Diese Selbstgefälligkeit. Und nach ein paar Monaten ist dann die Sache mit Wayne passiert.

Heute, drei Jahre später, bin ich wieder mit Wayne zusammen. Unsere Beziehung ist schwierig, weil ich weiß, dass er sich nie ändern wird. Er und die Frauen. Aber vielleicht kann man doch sagen: Er ist die Liebe meines Lebens.

Sicher, ich brachte ihn damals auch mit ins Zimmer, wenn Maria da war. Aber darum geht es nicht. Es war die Zeit, als wir jedes Wochenende von Freitag bis Sonntag ins *Walkabout* am Shepherd's Bush Green gingen. Ich konnte zehn Gin & Tonic trinken, und spürte gar nichts. Wir waren frisch verliebt damals. Wayne ist ein *Kiwi*. Ein Neuseeländer.

Irgendwann fuhr ich dann mit der Familie, für die ich damals als Kindermädchen arbeitete, für eine Woche nach Northumberland. Als ich zurückkam, fragte mich Maria: »Kannst du mir Waynes Telefonnummer geben?« Ich fiel aus allen Wolken. Sie verteidigte sich damit, dass sie so betrunken gewesen sei, sie wisse gar nicht mehr, was sie mit ihm gemacht habe. Aber wenn sie so betrunken gewesen war, dass sie sich gar nicht mehr daran erinnern konnte – warum bitte brauchte sie dann seine Telefonnummer?

Doch ich schaue nicht zurück. Maria wollte immer in Australien leben und Pilotin werden. Und heute lebt sie in Sydney und macht eine Pilotenausbildung. Sie wusste immer genau, was sie wollte und wie sie es erreichen würde. Ich habe mir vorgenommen, mehr zu sein wie sie. Mein Traum ist, auch einmal in Australien oder Neuseeland zu leben; ob das mit Wayne sein wird, wage ich zu bezweifeln. Ich weiß, es wird schwierig, diesen großen Traum jemals zu erfüllen. Deshalb habe ich jetzt Zwischenträume. Ich bin vor zwei Jahren nach Australien in Urlaub gefahren. Seit einem halben Jahr lebe ich, zum ersten Mal in London, alleine in einem Zimmer, in einer Wohngemeinschaft in Barnes, mit einer Engländerin und einem Pärchen aus der Karibik. Ich verdiene genug Geld, um meine Rechnungen zahlen und ein wenig sparen zu können. Nach der Arbeit besuche ich am Kensington & Chelsea College einen Kurs, um *Sage* zu lernen, ein Computerprogramm, das in London sehr oft in der Buchhaltung benutzt wird. Wenn der Kurs zu Ende ist, werde ich wieder Bewerbungen losschicken.

Ich weiß nicht, wie oft ich mir schon sicher war, London bald zu verlassen. Fünf Mal, fünfzehn Mal, hundert Mal? Wie so viele junge Ausländer denke ich oft ans Weggehen und bleibe immer länger. London ist eine schwierige Stadt – der Stress, die Hektik, und immer muss man schauen, woher das nächste Geld kommt. Und die Häuser sind so kalt. Seit ich in London bin, friere ich immer, selbst wenn die Heizung an ist.

Aber London hat mich auch selbstbewusster gemacht. Ich bin jetzt 27; in Puchov würde ich schon als alt gelten. Die Leute dort heiraten mit 21, mit 24 haben sie zwei Kinder. Meine Mutter ist verzweifelt wegen meines Lebens. Und sie weiß nicht einmal, dass ich sonntags manchmal um elf in die Disco gehe – um elf Uhr morgens. London hat meine Jugend verlängert.

Freddie Starr aß den Hamster

Dieses Kapitel ist 3648 Wörter lang. Am 13. März 1986 brauchte Kelvin MacKenzie nur fünf Wörter, um all das zu sagen, was ich im Folgenden zu beschreiben versuchen werde: Die Einmaligkeit der englischen Presse. Ihre Aggressivität. Ihr Witz. Das Verrückte, das Spielerische. Kelvin MacKenzie brachte das alles in einem Satz auf den Punkt und zwar besser als jeder andere. Die fünf Wörter lauteten: »FREDDIE STARR ATE MY HAMSTER!«

Es ist die berühmteste Schlagzeile in der Geschichte der britischen Presse. Denn dieser, auf den ersten Blick kindische Titel, den MacKenzie, der damalige Chefredakteur des Massenblattes *The Sun*, auf Seite eins hievte, entpuppt sich bei näherem Hinsehen als die perfekte Überschrift. In fünf Wörtern wird hier an praktisch alle menschlichen Gefühle und Instinkte appelliert; das heißt im Grunde, alle Menschen wollen wissen, was da mit Freddie Starr und dem Hamster passiert ist – und wollen also die Zeitung haben.

»Freddie Starr aß meinen Hamster!« – Das weckt Neugierde, Sensationsgier: Was? Jemand hat einen Hamster gegessen?! Es hat Wiedererkennungswert: Oh, Freddie Starr –

148

damals in den Achtzigern ein populärer Komiker – den kenne ich! Es macht den Leser zum Komplizen: Ach, Freddie Starr – dessen Alkoholproblem ein offenes Geheimnis war – hat mal wieder über die Stränge geschlagen. Es appelliert an das Mitleid, denn es lässt an den verzweifelten Ausruf eines kleinen Mädchens denken: Mein Hamster! Es liegt gerade noch im Bereich des Möglichen: Freddie Starr ist alles zuzutrauen. Und lässt gleichzeitig Zweifel offen: War es vielleicht eine Bühnenschau von Starr? Es bringt die Leser zum Lachen: Einen Hamster gegessen?!

Es war eine der bestverkauften Ausgaben der *Sun*.

Der tote, weil verspeiste, Hamster lebt fast zwanzig Jahre später weiter: Londoner, die die Schlagzeile nie gesehen haben, zitieren sie ständig. Sie kommt in einem Rap-Song namens *Media Junkies* vor (»... Freddie Starr's Hamster, Page 3 titties / US bombs, Afghan cities...«) und ein Rennpferd namens *Freddie Starr Ate My Hamster* dreht recht erfolgreich seine Runden auf Englands Bahnen. Ob Starr das Haustier eines kleinen Mädchens nun tatsächlich geschluckt hat oder nicht, bleibt dabei weiterhin unbeantwortet. Auch in diesem Punkt ist MacKenzies Titelgeschichte erfolgreich gewesen: Die selbst erschafften Mythen im Unklaren zu lassen, ist eine wichtige Tugend auf dem Boulevard. Es reizt die Phantasie an und so die Kauflust.

Das Einfachste wäre, die Londoner Massenblätter als brutale Manipulierer abzutun. Man würde sich damit allerdings einem faszinierenden Aspekt des englischen Alltagslebens verschließen. Der Londoner Zeitungsmarkt ist der umkämpfteste der Welt. Fünf nationale Boulevardzeitungen, die *tabloids*, und vier seriöse Blätter, die *broadsheets*, raufen sich täglich um die Käufer. Diese einmalige Konkurrenzsituation hat eine selten aggressive, aber gleichzeitig auch zum Kopfschütteln humorvolle Presse geschaffen – »nicht immer die beste, aber ganz sicher die unterhaltsamste Europas«, befand der

Spiegel und verwies zum Beispiel auf einen kleinen, täglich erscheinenden Kasten in der Boulevardzeitung *Daily Mail*: »Der Massenvernichtungswaffenzähler«. Schon 248 Tage vergangen, zeigte der Zähler an, ohne dass die britisch-amerikanische Koalition die angeblich den Weltfrieden bedrohenden Militärgüter des Irak gefunden hätte. »Wir zählen weiter«, drohte der Kasten.

Das Besondere an der Londoner Presse fällt buchstäblich auf den ersten Blick auf. Man braucht sich nur vor einen Kiosk zu stellen. Das hoch entwickelte Layout, das flexible Spiel mit Graphiken, Schriften, Farben und vor allem die exzellent ausgewählten und präsentierten Fotos der Titelseiten lassen aktuelle deutsche Zeitungen wie Museumsstücke aussehen. Die Kunst der außergewöhnlichen Überschrift schließlich, die in wenigen Worten die Vorstellungskraft der Leser beflügelt, hat die angelsächsischen Zeitungen schon immer einzigartig gemacht.

»IT'S THAT MAN AGAIN«, titelte der *Daily Express* – 1939, als Hitler Polen überfiel.

Während sich die Zeitungen im restlichen Europa bemühen, immer das wichtigste Thema des Tages als Schlagzeile zu präsentieren – mit dem Ergebnis, dass sich die Titelseiten etwa von *Süddeutsche Zeitung, Frankfurter Allgemeine* und *Welt* stets gleichen (und den ARD-Tagesthemen am Vorabend) – geht es für englische Zeitungen auf Seite eins vor allem darum, sich von den anderen abzuheben. Neun verschiedene Themen auf den Titelblättern der neun nationalen Zeitungen sind keine Seltenheit. Denn der Leser muss jeden Tag aufs Neue davon überzeugt werden, sich für den *Guardian* und nicht für den *Independent* zu entscheiden, für die *Sun* und nicht für den *Mirror*. Auf jede Zielgruppe schielen mindestens zwei Zeitungen; unter den seriösen Blättern kämpfen der *Daily Telegraph* (mit einer Auflage von 900 000) und die *Times* (660 000) um die konservativen Leser, der *Guardian* (385 000) und der *Independent* (240 000) um die Gunst der liberalen Kundschaft. Auf dem

Markt der Sensationspresse reiben sich die *Sun* (3,4 Millionen) und der *Mirror* (1,9 Millionen) sowie der *Daily Star* (910 000) mit den selbst ernannten Qualitäts-Boulevardblättern *Daily Mail* (2,4 Millionen) und *Daily Express* (885 000). Und natürlich gibt es auch zwischen *broadsheets* und *tabloids* Überschneidungen innerhalb der Leserschichten, etwa zwischen der erzkonservativen *Daily Mail* und dem *Daily Telegraph*.

Jede Zeitung hat ihr Stammpublikum, obwohl es keine Abonnements gibt. Am Kiosk allein werden die täglich rund 11,5 Millionen Exemplare der nationalen Presse verkauft. Wenn die *Sun* mit »This is Britian's most dangerous man« aufmacht und daneben ein Foto von Tony Blair zeigt, und der *Mirror* nur »Jordan und der verheiratete Fußballstar« titelt, dann können an einem Tag schon mal 80 000 Leser die Zeitung wechseln. Der furiose Kampf um das Publikum, der feste Wille, sich partout von den anderen abzugrenzen, hat in gewisser Weise zum Gegenteil geführt: dazu, dass sich die Londoner Zeitungen in vielem einander angenähert haben. Die Grenzen zwischen Boulevard und seriösen Blättern sind aufgeweicht. Längst finden sich in den Nachrichtenteilen der *broadsheets* statt ausschließlich harter politischer Fakten auch weiche Alltagsthemen: »Frauen mit Brustimplataten sind eher selbstmordgefährdet«, berichtet der *Daily Telegraph*. Auf der anderen Seite finden sich auch in den Londoner *tabloids* unter den schreienden Überschriften oft gut geschriebene, durchaus anspruchsvolle Reportagen und Berichte, wie sie ein *Bild*-Chefredakteur seinen Leser nie zumuten würde. Unlängst erst verpflichtete der *Daily Mirror* eine Reihe der angesehendsten *broadsheet*-Kommentatoren wie Jonathan Freedland vom *Guardian* und Oliver Holt von der *Times*, um die Zeitung aus der Schmuddelecke hervorzuholen.

»Es ist ein alter, rauer Markt, feurig umkämpft, Gnade glänzt in der Regel durch Abwesenheit«, sagte Piers Morgan, der Chefredakteur des *Daily Mirror*, ehe er über seine eigene Skrupellosigkeit stolperte. Im Mai 2004 musste er zurücktreten. Er hatte schockierende Fotos von Folterungen britischer Soldaten im Irak-Krieg veröffentlicht, die nur einen Makel hatten: Sie waren gefälscht. Die Gnadenlosigkeit gilt in gleichen Teilen sowohl für die, die bei den Zeitungen arbeiten, als auch für die, über die geschrieben wird. Entlassungen sind Routine in den Redaktionen der Massenblätter, Überschriften wie diese auch: »Gaga-Bruno weggesperrt« (*The Sun*). Der Boxer Frank Bruno war wegen einer Hirnkrankheit gerade in eine Klinik eingeliefert worden. Witz ist ein unverzichtbares Element der *tabloids*, bloß geht er oft auf Kosten der Menschen, deren Name Schlagzeilen macht. David Yelland, ein 2003 entlassener *Sun*-Chefredakteur, schloss diesbezüglich einmal in einer E-Mail an seine Redakteure: »Was uns [die *Sun*] betrifft − wir marschieren weiter, wir klettern höher. Kickt die Scheiße aus ihren Köpfen! Euer David«

Englische Zeitungen melden nicht nur Nachrichten. Sie machen Nachrichten. Längst ist die Jagd nach *scoops*, nach exklusiven Neuigkeiten, zur Obsession ausgeartet, die alle möglichen und die unmöglichsten Auswüchse treibt. Es beginnt mit liebenswerten Details, etwa dass ein Großteil der Berichte mit »last night« anfängt, um absolute Aktualität und auch ein wenig Dramatik zu suggerieren: »Last night Primeminister Tony Blair said...« Dabei spielt es auch keine Rolle, dass Blair tatsächlich schon am Mittag geredet hat. Schließlich geht es so weit, dass, als die Nato-Angriffe auf die Taliban in Afghanistan begannen, bereits am Tag darauf alle Zeitungen postwendend vier bis zehn Sonderseiten mit größtenteils exzellenten Reportage- und Analysenstücken vorweisen konnten. Während die meisten europäischen Zeitungen beratschlagten, ob sie einen Reporter nach Afghanistan schicken sollten oder ob dies zu gefährlich sei, berichteten britische Journalisten schon aus Dörfern, aus denen die Taliban geflohen waren, und von dem Nährboden, den die muslimischen Glaubenskämpfer im pakistanischen Grenzland fanden.

Doch wer so in Eile ist, übersieht auch schnell das Wesentliche. Nicht selten verlieren englische Medien bei ihrer Hatz nach immer aktuelleren Neuigkeiten den Überblick darüber, was die eigentliche Nachricht ist. Eine stetige, hintergründige Auslandsberichterstattung, wie sie etwa in Deutschland die *Frankfurter Allgemeine* oder in Spanien *El País* liefern, sucht man selbst in einer Zeitung wie dem *Guardian* vergebens. Englische Zeitungen sind immer dort, wo es gerade die spektakulärsten Neuigkeiten zu holen gibt, und von dort liefern sie dann auch in der Regel die spektakulärsten Geschichten und exzellente Kommentare. Doch schon jagen sie mit heißem Atem weiter zum nächsten Konflikt, der Aktualität hinterher und sie verbeißen sich in Details, um bloß irgendetwas weltexklusiv – eines ihrer Lieblingsworte – berichten zu können. Selbst die BBC, weltweit noch immer ein Synonym für Zuverlässigkeit und Ausgewogenheit, ist längst von der atemlosen Nachrichtenjagd der Presse angesteckt worden. Als der eigentlich exzellente BBC-Kriegsberichterstatter John Simpson vom Einmarsch der britischen Truppen in die afghanische Hauptstadt Kabul berichtete, berauschte er sich so daran, diese Nachricht weltexklusiv verbreiten zu können, dass er quasi nur darüber sprach, dass *er* schon in Kabul war. »When I reached the outskirts of Kabul this morning...« Man gewann den Eindruck, John Simpson habe die Stadt eingenommen.

Die Nachricht ist in London ein wertvolleres Gut als anderswo. Sie kostet schon mal 150000 Pfund (220000 Euro). So viel zahlte das Verlagshaus Associated Newspapers, zu dem unter anderem die *Daily Mail* und *Mail on Sunday* gehören, während der Fußball-Weltmeisterschaft 2002 für ein Interview mit Irlands Mannschaftskapitän Roy Keane, der wegen eines Streits mit dem Trainer die Elf verlassen hatte und nach Hause geflogen war. In keinem anderen europäischen Land wird für Interviews gezahlt, und wenn dies in seltenen Ausnahmen doch der Fall sein sollte (bei Gesellschaftsmagazinen oder Boulevardzeitungen), dann geht es um Tausende, nicht aber um Hunderttausende. 220 000 Euro für ein zweistündiges Gespräch mit einem Fußballer mag da zunächst wie ein Irrsinn erscheinen. Doch in London war das zum einen kein ungewöhnlicher Fall, und zum anderen war es eine wohl kalkulierte Angelegenheit. Associated Newspapers zahlte nicht nur dafür, dass Keane mit seinen Journalisten sprach, sondern auch dafür, dass er mit niemand anderem redete. So verschaffte sich der Londoner Verlag, der kurz zuvor die irische Sonntagszeitung *Irland on Sunday* erworben hatte, in einer Affäre, die in jenen Wochen tatsächlich ganz Irland bewegte, als Einziger die Wahrheit aus dem Munde der Hauptperson. Die Ausgabe von *Irland on Sunday*, in der das Interview erschien, war sofort ausverkauft, und die Geschäftsführer von Associated Newspapers waren sich sicher: Hätten sie dieselbe Summe in herkömmliche Werbung investiert, hätten sie niemals einen ähnlichen Prestigegewinn erzielt. Nun war ihr Blatt als die Zeitung bekannt, mit der Roy Keane exklusiv sprach.

Es war vorhersehbar, dass bei dem Wert, den die Ware Nachricht in London genießt, sich irgendwann auch diejenigen, die die Nachrichten liefern, ihres Preises bewusst werden würden. Spätestens in den neunziger Jahren wuchs eine neue Generation von PR-Managern heran: die Nachrichtenverkäufer. Medienagenten wie der legendäre Max Clifford betreuten auf einmal nicht nur Schauspieler und Modells, sondern auch Ehefrauen von im Irak-Krieg gestorbenen Soldaten oder Ex-Freundinnen von Kindermördern; also all jene, die eine Geschichte, ein *exclusive*, zu verkaufen hatten. Dabei suchen diese Medienagenten nicht nur nach Geld, sondern auch – vor allem wenn sie für politische Parteien oder für Firmen arbeiten – nach Einfluss. Sie wollen kontrollieren, welche Informationen in die Medien gelangen und wie diese in den Medien dargestellt werden; sie wollen keine Wahrheiten verbreiten, sondern versuchen auf eine in Kontinentaleuropa ungekannt aggressive

Art, ein bestimmtes Image ihrer Klienten zu verkaufen. Zumindest eines haben sie sicher erreicht: den Enzyklopädien ein neues Wort gegeben. *Spin Doctors* werden sie genannt. Alastair Campbell war so etwas wie ihr Doktorvater.

Im frühen Stadium seiner Karriere lieferte Campbell noch wenige Hinweise darauf, dass er einmal als *das* Vorbild für moderne Öffentlichkeitsarbeit einer Regierung gelten würde. Damals studierte er noch Sprachwissenschaften in Cambridge und schrieb pornographische Kurzgeschichten für das Herrenmagazin *Forum*.

Später zog es ihn in den Journalismus. Er war noch keine vierzig und schon Ressortleiter der Politikredaktion des traditionell der Labour-Partei nahen *Daily Mirror*, als er die Seiten wechselte. Er wurde Medienberater des Labour-Kandidaten Neil Kinnock bei den 92er-Parlamentswahlen, und nach dessen Niederlage von Labours neuem, jungem Parteiführer übernommen. Von Tony Blair. Schon bei seinem ersten großen Auftritt, auf dem Parteitag 1994 in Brighton, als Blair für den Vorsitz kandidierte, zeigte Campbell sein großes Talent als *Spin Doctor*, der den Nachrichten seinen eigenen Dreh verpassen konnte, der Geschichten spinnen konnte. Als Campbell, wie es auf Parteitagen üblich ist, Blairs Rede vorab an die Journalisten verteilte, ließ er die letzten drei Seiten weg. So entstand der Eindruck, Blair habe spontan, aus dem Stegreif heraus, seiner Rede einen unerwarteten Höhepunkt, ein brillantes Ende gegeben. Die Kritiken in der Presse waren dementsprechend hymnisch. Blair wurde gewählt, und Campbell sollte nicht mehr von seiner Seite weichen. Oder sollte man besser sagen: Blair nicht mehr von Campbells Seite?

Wie groß der Einfluss wirklich war, den der Pressesprecher bis zu seinem Rücktritt 2003 auf den Premierminister hatte, ist schwer zu sagen. Blair selbst jedenfalls tat wenig gegen das Gemurmel und Geflüster, er vertraue Campbell mehr als seinen Regierungsmitgliedern. Als Blair einmal auf einer Rückreise von Washington im Flugzeug mit zwei Journalisten redete, maulte Campbell ihn an, ob er nichts Besseres zu tun habe? »Ein Premierminister, der sich mehr als zwanzig Minuten Zeit für die Medien nimmt, macht ganz sicher seinen Job nicht richtig«, fuhr Campbell fort, die Füße auf das Tischchen vor sich gelegt. Blair grinste nur unbehaglich. So war ihre Beziehung.

Ihre Rolle, im Umgang mit Partei wie Medien, war die von Guter-Bulle-Böser-Bulle. Campbell führte den Boulevardstil, den er sich beim *Mirror* angeeignet hatte, in den Regierungsgebäuden an der Downing Street ein, auch wenn er sich – den Fernsehkameras zuliebe – später angewöhnte, anstatt *bollocks* lieber *garbage* zu sagen, wenn er über missliebige Presseberichte redete. Schrott statt Scheißdreck. »Wenn du es mit einer aggressiven Presse zu tun hast, musst du mit Aggressivität antworten«, konstatierte er. Wie weit er diese Rolle des tobenden Einschüchterers verinnerlicht hatte, zeigte sich bei der Untersuchung zum Selbstmord des Waffenexperten David Kelly. Campbell musste als Zeuge aussagen – und übertrat die Schmerzensgrenze, um sich selbst am Aufbrausen zu hindern. Er trug einen Reißzweck in der rechten Hand. Jedes Mal, wenn er Aggressivität in sich aufsteigen spürte, presste er die Hand zusammen. Er machte einen gesitteten Eindruck vor dem Untersuchungsrichter Lord Hutton; und ging mit einer blutverschmierten Handfläche aus dem Saal.

Campbell ist groß, mit schweren Knochen und breiter Brust. Wenn er wütend wird und sich die markige Nase nach vorne und die Augen zusammenschieben, ist seine Aggressivität physisch sichtbar. Es war zunächst die eigene Partei, die seine einschüchternde Erscheinung zu sehen und zu spüren bekam. Labour war bis zu Blairs Aufstieg zum Parteiführer ein hoffnungsloser Debattierklub, in dem jeder sagte und tat, wonach ihm der Sinn stand. Campbell kanalisierte die Kommunikation, er brachte die Partei *on message*, ein anderer dieser Fachausdrücke, die erst durch ihn zu einem öffentlichen Gut wurden: Wer öffentlich etwas ohne vorherige Abstimmung mit dem Pressebüro verkündete oder gar von Blairs Linie abwich, wurde von Campbell sofort und selten auf die feine Art zurechtgewiesen. So machte er aus Labour für gut ein Jahrzehnt einen disziplinierten Roboter, der nur eine Zunge zu haben schien. Doch der offene, teilweise erschreckend feindliche Widerstand aus der eigenen Partei, der Blair 2003 entgegenschlug, nach seiner Entscheidung, den Irak anzugreifen, hatte nicht nur mit sachlichen Gründen, sondern auch sehr viel mit Campbells Tyrannei in den Jahren zuvor zu tun: Ein Ventil öffnete sich, eine Partei, der zehn Jahre lang von ihrer Spitze das Wort verboten worden war, ließ Dampf ab.

Campbell managte die Nachrichten der Regierung wie ein tyrannischer Schatzmeister; er setzte die Informationen, die er als Pressesprecher im Prinzip nur verkünden sollte, als Druckmittel ein. Er enthielt Journalisten Neuigkeiten vor oder er strich ihnen kurzfristig schon zugesagte Interviews, um sie für nicht genehme Berichterstattung zu bestrafen. Die nächste Stufe war, den Journalisten »auf Eis zu legen«: *to freeze him out.* Campbells Büro ordnete dann in den Ministerien und Staatskanzleien an, dass niemand mehr mit dem Ausgestoßenen reden, keinen seiner Anrufe beantworten durfte. Andererseits knüpfte Campbell die Herausgabe von exklusiven Informationen an Bedingungen. Labours neuen Plan für die Gesundheitsreform könne er ihnen vorab stecken, versprach er einer Zeitung – wenn sie diesen auf den Titel heben würde. Ansonsten würde er zur Konkurrenz gehen. An schlechten Tagen für Labour fütterte er die Zeitungen auf einmal mit verschiedensten *exclusives*, mit dem Kalkül, so die schlechte Nachricht, wenn nicht ganz aus der Zeitung, so doch auf die hinteren Seiten zu verdrängen.

Mit dieser herrischen, in Europa ungekannten Art der Informationsrationierung machte Campbell ausgerechnet die seit jeher Labour nahe stehenden Blätter *Guardian* und *Independent* zu argen Piesackern der Partei. Campbell, der in seiner brutalen Logik davon ausging, dass *Guardian-* und *Independent*-Leser sowieso Labour wählten, behandelte die *broadsheets* herablassend, was diese verständlicherweise nicht für ihn einnahm. Zudem unterhalten die beiden Blätter traditionell die besten Beziehungen zu Mitgliedern der Parteigremien, weshalb sich viele Labour-Abgeordnete, die sich über Blairs und Campbells strenges Regime ärgerten, beim *Guardian* oder *Independent* ausweinten, beziehungsweise, um es Campbell zurückzuzahlen, den Zeitungen heimlich Informationen zukommen ließen.

Dies führte dazu, dass die politischen Korrespondenten der beiden Blätter mehr als einmal Campbells heißen Atem im Gesicht und seinen Zeigefinger auf ihrer Brust spürten. Doch letztlich waren der *Guardian* und *Independent* als Feinde im eigenen Lager für den kalt kalkulierenden Campbell nicht wichtig genug. Sie haben zusammen nur eine Auflage von knapp über 600 000. Campbells Obsession war, den Massenmarkt zu kontrollieren, das Fernsehen und die Boulevardblätter. So war die BBC, die sich partout nicht *on message* bringen ließ, der häufigste Empfänger seiner groben Tiraden – und das Überlaufen der *Sun* sein größter Coup.

»WHY WE BACK BLAIR« prangte eines Morgens vor den Wahlen 1997 auf Seite eins des Blattes. Bei deutschen Zeitungen ist es zwar auch unschwer erkennbar, welche politische Richtung sie bevorzugen, doch sie würden es als Verlust ihrer journalistischen Unabhängigkeit verstehen, direkt für eine Partei zu werben. In London sehen es die Zeitungen, vor allem die des Boulevards, als Demonstration ihrer Macht, sich explizit für eine Partei auszusprechen. Sie begreifen es als ihre Aufgabe, offene Kampagnen für oder gegen bestimmte politische Projekte zu starten; sie sehen sich als Mitwirkende in der Politik.

»IT'S THE SUN WOT WON IT« schrie – im Londoner Arbeiterklassenslang – nach dem Wahlsieg des Konservativen John Major am 11. April 1992 der damalige Sun-Chefredakteur MacKenzie in einem anderen seiner legendären Titel. Die *Sun* sei es gewesen, die mit ihrer feurigen Anti-Kinnock-Kampagne den Torys die Wiederwahl gesichert habe. 1995 arrangierte Campbell ein Treffen zwischen Blair und dem australischen Medien-Tycoon Rupert Murdoch, dem in England die *Sun* und die *Times* sowie deren Schwesterblätter vom Sonntag, die *News of the World* und die *Sunday Times* gehören. Was damals im Detail besprochen wurde, ob Blair etwa versprach, im Falle seines Wahlsieges Murdochs Ambitionen auf dem privaten Fernsehmarkt in Großbritannien nicht durch Gesetze oder Steuern zu behindern, darüber kann bis heute allenfalls spekuliert werden. Tatsache ist, dass die Labour-Regierung seitdem einige Gesetze verabschiedet hat, die Murdochs Sender *BSkyB* begünstigt haben, und dass die *Sun* zu den Wahlen 1997 auf Labour-Kurs einschwenkte.

Dabei ist es fraglich, wie groß der politische Einfluss einer einzelnen Zeitung wirklich ist, selbst wenn sie eine so große Reichweite wie die *Sun* besitzt. Vermutlich würden mehr Leser einfach die Zeitung und nicht die politische Ansicht wechseln, wenn ihnen ihr Blatt plötzlich eine völlig konträre politische Richtung anpriese. Was bedeutet, dass eine Zeitung wie die *Sun*, für die die Auflagenhöhe das Wichtigste ist, nie einen politischen Kurs mit aller Macht unterstützen würde, wenn sie sich nicht durch die Stimmungslage im Volk bestätigt fühlte. Sie tastet sich bei ihrer Meinungsmache wie die anderen Londoner Blätter auch in einem Schlingerkurs voran und versucht, gleichzeitig ihre Leser zu führen und ihnen zu folgen. Mit wehenden Fahnen lief die *Sun* vor den Wahlen 1997 erst zu Labour über, als schon alle Umfragen einen klaren Sieg der Arbeiterpartei voraussagten. Nie zuvor hat es allerdings in »Number ten Downing Street« eine Regierung gegeben, die den Einfluss der Presse so ernst genommen hat wie Labour unter Blair. Die feurigen, nun schon seit Jahren im großen Stil gefahrenen Kampagnen der *Daily Mail*, des *Daily Telegraph* und auch der *Sun* gegen die Europäische

Union im Allgemeinen und die Einheitswährung Euro im Speziellen ließen Blair davor zurückschrecken, die Einführung des Euro durchzusetzen, obwohl er den Währungsbeitritt politisch für richtig hält.

Für diese brutale Aggressivität, für diese unerbittliche Gemeinheit, mit der etwa die *Daily Mail* den Euro (und alle Immigranten dazu) verteufelt, ist die Londoner Presse im Ausland berühmt. Man tut ihr mit diesem Pauschalurteil jedoch Unrecht, oder besser gesagt, man tut ihr das an, was sie selbst am besten kann: komplexe Dinge zu vereinfachen, aus dem Zusammenhang zu reißen, schwarzweiß zu malen. Tatsächlich ist die Londoner Tagespresse im investigativen Bereich die beste in Europa; sie ist spannender, komischer, verspielter als die deutsche oder französische – und das alles heute ohne den Mann, der die gesamte Klasse seiner Zunft in einer Überschrift auslebte. Kelvin MacKenzie, der dafür sorgte, dass ein ganzes Land beim Namen Freddie Starr sofort an einen Hamster denkt, wurde Mitte der neunziger Jahre von der *Sun* gefeuert.

Er sieht noch immer aus wie ein *hack*, ein klassischer Londoner Boulevardjournalist, in seinem teuren, schlecht sitzenden Anzug, seinem verknitterten Hemd und mit seinen glühend roten Wangen – ob vor Aufregung oder vom Alkohol sei dahingestellt. Er ist noch immer ein überzeugter Verteidiger des Boulevardjournalismus. Er habe kein schlechtes Gewissen wegen all der Leute, die er an den Pranger gestellt hat, erklärte MacKenzie dem *Daily Telegraph:* »Zum Beispiel der Typ, der sich an der Kloschüssel festgeklebt hatte. Der ging ins Badezimmer und dachte, er würde sich eine Hämorridensalbe auf den Hintern schmieren. Dabei war es aus irgendeinem Grund Superkleber, und es brauchte eine halbe Stunde mit einer Laubsäge und die halbe Sanitäterschaft von Derbyshire, um ihm zu helfen. Aber was ich eigentlich sagen wollte: Der Typ war bereit, darüber zu reden, also kam er auf Seite eins – logischerweise nicht als Mister Super-hirn.«

Doch MacKenzie gibt seine Geschichten nur noch als Gastredner auf Banketts zum Besten. Seine späteren Versuche im Journalismus waren weniger erfolgreich. Als Programm-direktor des Kabelsenders *L!ve TV* sendete er quasi unter Ausschluss der Öffentlichkeit, obwohl er einige, nun ja, inte-ressante Programme einführte, zum Beispiel »Oben-ohne-Darts« und »The Weather In Norwegian«, das tatsächlich alles hielt, was der Titel versprach: eine junge, hübsche Blondine, die dem englischen Publikum das Wetter von morgen auf Norwegisch verkündete.

Der Rote Ken

Als Ken Livingstone eines Tages, nicht lange nach seiner Wahl zum Bürgermeister im Mai 2000, einer Einladung von Premierminister Tony Blair in die Downing Street Nummer zehn folgte, hegten viele Londoner ganz besondere Erwartungen. »Sie hofften wohl, dass ich auf den Teppich pinkeln würde«, sagte Livingstone.

Diese Sehnsüchte konnte er nicht erfüllen; der Bürgermeister führte bloß eine »gute, alte Unterhaltung mit Tony Blair«. Ein solches, geradezu staatsmännisches Betragen Livingstones hat für viele noch immer etwas Überraschendes an sich. Denn in den achtziger Jahren, als er das Stadtparlament »The Greater London Council« als Vorsitzender der Labour-Fraktion anführte, erwarb sich Livingstone den Ruf eines wilden Revoluzzers. Sie nannten ihn *Red Ken*. Seinen berühmtesten Streich trieb er auf dem Dach der ehrwürdigen Council Hall. Er ließ eine Anzeigetafel anbringen, auf der die täglich aktualisierte Zahl der Londoner Arbeitslosen zu lesen war; bestens einzusehen auch vom gegenüberliegenden Ufer der Themse, wo die konservative Premierministerin Margaret Thatcher von Westminster aus das Land regierte. Dies

162

besiegelte das Ende einer wunderbaren Feindschaft. Die Eiserne Lady hatte endgültig genug vom Roten Ken. 1986 schaffte sie mit Hilfe ihrer Parlamentsmehrheit einfach das Greater London Council ab. Das hieß: Livingstone war abgeschafft. London hatte keine Stadtverwaltung mehr, vierzehn Jahre lang, bis die Regierung Blair den Bürgermeisterposten auslobte und für Mai 2000 Wahlen ansetzte. Sie rechnete ja nicht damit, dass sich Livingstone wieder bewerben würde.

Im Jahr 2000 war Livingstone Vergangenheit, ein 54-Jähriger aus dem »Dinosaurier-Park der Achtziger« (*The Observer*), ein Hinterbänkler im britischen Parlament, der als Gastredner bei Festen sozialistischer Veteranen noch immer im nasalen Ton der Londoner Taxifahrer von früher erzählte, von damals, als Londoner Kinder ohne Angst alleine in den Zoo gehen konnten, die Londoner Busse noch Schaffner hatten und man den verdammten Konservativen eine blutige Nase verpasst hatte. Er war eine vergessene Figur in einer Partei, die unter Blair realistischer, gemäßigter, stromlinienförmiger – *New Labour* geworden war. Die Regierung hatte kein Interesse daran, ihn und all die alten Geister wieder auferstehen zu sehen, die man mit ihm verband: die innere Zerrissenheit der Partei, die ideologische Borniertheit, die ewige Oppositionshaltung.

Zunächst versuchte New Labour, Livingstone dazu zu überreden nicht zu kandidieren; man habe doch schon einen Parteikandidaten. Sie drohten ihm, sie schufen ein innerparteiliches Wahlsystem zur Kandidatensuche, das Livingstone jede Chance verwehrte und das die *New York Times* als »nordkoreanisch« beschrieb. Schließlich warfen sie ihn aus der Partei. Livingstone verkündete, er werde als Parteiloser kandidieren.

Denn zu jenem Zeitpunkt war schon abzusehen, dass London ihn wählen würde.

Es wurden unvergessliche Tage. London war, solange man denken konnte, politisch immer in eine halbe Hundertschaft von *boroughs*, Bezirken, aufgeteilt gewesen, mit der Konsequenz, dass manche Gegenden rigide wie ein Schweizer Kanton verwaltet wurden, andere schlampig wie eine Bananenrepublik. Seitdem Thatcher das Greater London Council abgeschafft hatte, gab es kein Gremium mehr, das sich den drängenden Problemen der Stadt wie Verkehr oder Armut aus einer überbezirklichen Perspektive annahm. Nun sollte London, das vor Thatchers Coup allenfalls Ratsvorsitzende, *council leaders*, hatte, erstmals in seiner langen Geschichte einen Bürgermeister bekommen. Wenngleich das Amt im Vergleich zu seinem New Yorker Pendant nur über einen bescheidenen Etat und beschränkte Kompetenzen verfügt, war die Symbolkraft doch nicht zu übersehen: »Endlich einen Bürgermeister zu haben, ist der krönende Moment für eine wieder belebte Stadt«, sagte Professor Tony Travers von der London School of Economics. London betrachtete es als Gelegenheit, seine Eigenständigkeit, seine Sturheit, sein *Anderssein* in die Welt zu posaunen. Wie konnte es das besser tun, als für einen Kandidaten zu stimmen, der – genau wie die Stadt – machte, was er wollte?

Die Kandidaten schienen das zu spüren. Plötzlich machten sie alle nur noch, was sie wollten. Deshalb wird der erste Londoner Bürgermeister-Wahlkampf am 4. Mai 2000 wohl immer etwas Besonderes bleiben, eine Demonstration des Freigeistes der Stadt, in der die Kandidaten eine einzige Ansammlung von Charakteren waren, um nicht zu sagen: eine Gruppe Freaks. Da war Stephen Norris, der Kandidat der Torys, der mit Enthusiasmus für alles Mögliche stand, wovor sich seine Partei ekelte: Er setzte sich für die Schwulen-Hochzeit ein und sah dabei keinesfall die Familie als schützenwertes Gut bedroht. Norris war berüchtigt dafür, fünf Liebhaberinnen gleichzeitig zu haben, und angeblich stolz auf seinen Spitznamen: *Shagger*, Vögler. Frank Dobson, den die Blair'sche Labour-Führung als ihren Mann auserkoren hatte, machte den gesamten Wahlkampf über den Eindruck, als sei er zur Kandidatur gezwungen worden. Und überhaupt gingen ihm seine eigenen Wahlkampfmanager auf die Nerven: »*Prats*«, nannte er die Labour-Strategen einmal, Schwätzer, und weigerte sich, wie von den *spin doctors* angeraten, seinen Bart abzurasieren. Dobbo, wie sie ihn in London riefen, verweilte in einem Dauerzustand schlechter Laune. Susan Kramer von den Liberalen hatte lange Zeit ihres Arbeitslebens in den USA verbracht und redete in einer von den Floskeln der Politik erfrischend freien Sprache. Malcom McLaren trat als Parteiloser an, seine Karriere sprach für sich: Er war Gründer und Sänger der legendären *Sex Pistols*. Doch die Mehrheit der Londoner erkannte sich in dem Mann wieder, der Einmaliges schaffte – nämlich das gesamte politische Establishment, die Labour-Parteispitze um Blair, die hinterste Reihe der Torys, sowie die komplette nationale Presse, von einem Arbeiterblatt wie dem *Mirror* bis zur konservativen Bürgerzeitung *Telegraph*, gegen sich zu vereinen.

»Die Wähler von London sind dabei, eine der größten Dummheiten der Moderne zu begehen«, tobte der *Daily Mirror* am Tag der Wahlen, »was uns nur eine unglaubliche Alternative lässt: Um Livingstone zu verhindern, rufen wir, Labours loyalster Alliierter auf dem Zeitungsmarkt, die Londoner dazu auf, den Tory-Kandidaten Stephen Norris zu wählen.« Die *Financial Times* urteilte: »Morgen werden fünf Millionen Londoner aller Voraussicht nach von einem halben Dutzend Kandidaten denjenigen wählen, der am wenigsten für den Job geeignet ist.« Und Tony Blair schloss: »Livingstone wird ein Desaster für London sein.«

Es war, als würde sich London an jeder dieser Drohungen und Verwünschungen vergnügt reiben. Leute, die mit Livingstones angeblich altlinken Ansichten nichts anfangen konnten, waren wild entschlossen, ihn zu wählen. Ich weiß das. Ich habe doch selber für ihn gestimmt.

Es war eine emotionale Wahl, eine Art zu sagen: *We are London, we don't care.* Uns ist es egal, was die politische Klasse und die Medien denken, was die Welt außerhalb Londons denkt. Wenn London einen Bürgermeister will, dann wählt London diesen Bürgermeister. Livingstone traf vom ersten Tag seiner Kandidatur an den Nerv der Stadt. Er war ein Londoner, so wie wir alle uns gerne sahen. Mit frechem Witz, schlagfertig, immun gegen Kritik von außen, voller Liebe für seine Stadt. Er verstand die Probleme Londons, er setzte sich doch jeden Tag in das größte Problem – die U-Bahn. Noch heute fährt Livingstone mit den öffentlichen Verkehrsmitteln zu seinem Arbeitsplatz, der *Fechtmaske*, wie das gläserne, von Norman Foster entworfene neue Rathaus an der Themse in den Straßen der Stadt genannt wird. Was für einen Unfug er in den wilden Achtzigern als *council leader* auch angerichtet haben mochte, es war schon zu lange her, es war nur noch Folklore. Hängen geblieben war, dass er Thatcher zur Weißglut getrieben hatte, was zwanzig Jahre später nur positiv bewertet wurde. Es veschaffte ihm, wie man heute wohl auf Neudeutsch sagt, *street credit*. Dass ihn Labour aus der Partei ausschloss, war schließlich das Beste, was ihm passieren konnte. Es steigerte die Sympathien für ihn nur noch.

Denn dies war das Jahr 2000. Labour war seit drei Jahren an der Macht, die Flitterjahre waren vorüber; die Hassliebe, die große Teile des Volkes mit seiner Regierung in den folgenden Jahren verbinden sollte, war bereits ausgebrochen. Die Achtung vor den Leistungen der Regierung war immer noch da, das Wissen oder zumindest das instinktive Gefühl, dass dies die beste Wahl für Großbritannien gewesen sei. Doch es hatte sich Verachtung beigemischt für die kalte Maschinerie, die Labour war, für das besessene Streben nach einem makellosen, aalglatten Erscheinungsbild, für die offensichtliche Bereitschaft, alles für die Macht zu tun, auch schamlos zu lügen. Für Livingstone zu stimmen, war eine Möglichkeit, Labour zwei Finger entgegenzuhalten (was in England dasselbe bedeutet, wie in Deutschland den Mittelfinger zu zeigen), ohne Blairs Regierung wirklich wehzutun.

Am 4. Mai 2000 wählten 56 Prozent der Londoner den Roten Ken. Nach einer Analyse der BBC kamen die Stimmen aus allen Bereichen des politischen Spektrums, 24 Prozent seiner Wähler fühlten sich den Konservativen, 33 Prozent den Liberalen, 46 Prozent Labour zugehörig. Die überwältigende Mehrheit von uns ahnte nicht, was für einen guten Bürgermeister wir gewählt hatten.

Der eine oder andere politisch unkorrekte Spruch rutscht Ken Livingstone immer noch heraus. Dass »der Kapitalismus mehr Menschen als Hitler getötet« habe oder »George Bush die größte Bedrohung für die Menschheit« sei. Aber die Londoner haben sich daran gewöhnt, sie hören es, sagen »Ken ist Ken« und lächeln. Solche Sprüche werden kurz wahrgenommen und dann unter dem Stichwort Unterhaltung abgebucht. Sie versperren jedoch nicht mehr den Blick auf die tatsächliche Arbeit, die Livingstone leistet – eine Arbeit, die er ohnehin nie so ideologisch verblendet erledigt hat, wie es gerne dargestellt wurde. Bereits in den Achtzigern war er mehr Pragmatiker als Dogmatiker, nur ging dies in den verbitterten ideologischen Grundsatzkämpfen der Thatcher-Ära unter, als sich noch die große Frage stellte: Sozialismus oder Kapitalismus. Als ihn etwa das britische Oberhaus, damals 1981, gleich in seinem ersten Jahr als *council leader* zwang, seine Maßnahme zurückzunehmen, die die Kürzung der Londoner Bus- und U-Bahn-Preise um ein Drittel vorsah, zeterte und polterte Livingstone, aber er folgte der Weisung der *law lords*. Er weigerte sich auch, die Protestbewegung der Linken zu unterstützen, die zum Schwarzfahren aufrief. Als die Regierung Thatcher den Steueretat des Greater London Councils beschnitt, stimmte er dem zu, so laut im Hintergrund die Linke auch »Verrat!« schrie.

»Mir scheint, dass alle Welt herrliche Erinnerungen an den Greater London Council als eine Art großen, leuchtenden Gipfel des Sozialismus hat«, sagt Livingstone: »Alles, was ich noch weiß, ist, dass ich von den Linken angegriffen wurde, ich sei nicht links genug. Und ich wusste ganz genau, dass das passieren würde. Sie würden mich nach spätestens sechs Monaten angreifen, denn als *council leader* musst du Kompromisse schließen, einen Konsens finden.« Viele der Ansichten, die den Roten Ken in den Achtzigern radikal erscheinen ließen, sind heute akzeptierte Volksmeinungen: sein Eintreten für Minderheiten wie Homosexuelle, sein Bemühen, die den IRA-Terroristen nahe stehende Partei Sinn Fein in den nordirischen Friedensprozess einzubeziehen.

Und heute? – »Ich bin jetzt in einer Position, in der ich für eine echte Verbesserung der Lebensqualität in London sorgen muss. Also muss ich das Straßentheater lassen und mich auf den Tagesjob konzentrieren«, sagt Livingstone. Eine seiner ersten Handlungen als Londons Bürgermeister führte allerdings genau dazu: zu einem absurden Straßentheater. Er verbot das Taubenfüttern am Trafalgar Square, denn die Tiere seien zu einer Plage geworden. Tierschützer drohten daraufhin, ihn mit Eimern voller Vogelscheiße zu übergießen, sodass er die am Trafalgar Square geplante Pressekonferenz in die sicheren Räume des Rathauses verlegen musste. Doch Maßnahmen durchzuführen, von denen er überzeugt ist, auch wenn der Rest der Welt dagegen ist, macht noch immer eine seiner besonderen Stärken aus. Und den Rest der Welt gegen sich aufzubringen, fällt ihm auch weiterhin leichter als den meisten anderen Politikern.

Es war jedenfalls keine markante Stimme für seine Sache zu vernehmen, als Livingstone im Februar 2003 eine Maut von fünf Pfund für Autofahrten in die Innenstadt zwischen 7.00 und 18.30 Uhr einführte, die *Congestion Charge*. Jane Calvert-Lee, die Direktorin der britischen Unternehmer-Lobby CBI, fand keinen besseren Vergleich: Die *Verstopfungs-Gebühr* vertreibe die Kunden, was für die Geschäfte, Theater und Restaurants des West Ends einem Schlag mit den Auswirkungen einer Terrorattacke gleichkomme. Die Medien und die politische Klasse, die Livingstones Wahlsieg offenbar noch immer nicht verdaut hatten, ergingen sich in Weltuntergangsszenarien. Sie standen wenig später ohne Verteidigung da.

Die Maut verringerte den Verkehr auf Anhieb um 10 bis 17 Prozent; zum ersten Jahrestag des Projekts konnte Livingstone bekannt geben, dass sich der Verkehr sogar um ein Drittel reduziert hatte. Das bedeutet täglich 115 000 Autos weniger. Man kann wieder fahren in der Innenstadt, nicht nur Stoßstange an Stoßstange stehen, und die Stadt nimmt pro Jahr rund 70 Millionen Pfund an *Verstopfungs-Gebühren* ein, die in Londons Verkehrsinfrastruktur investiert werden. 1100 neue Busse hat Livingstone bereits angeschafft, die Erhöhung der Buspreise eingefroren und kürzere, schnellere Linien eingeführt. In einer Metropole wie London sind das nur kleine Verbesserungen. Aber es sind spürbare Veränderungen. »Er hat weder Kriminalität noch Armut besiegt; es sieht allerdings so aus, als habe Livingstone einen Feind des urbanen Lebens platt gemacht, der genauso unbesiegbar schien: das Auto«, konstatierte die *New York Times* voller Respekt, »Livingstone hat gerade das radikalste Projekt der Welt ins Leben gerufen, um die Stadt wieder von der Tyrannei des Autos zu befreien.«

Am 18. Februar 2003, einen Tag, nachdem das Mautprogramm angelaufen war, erhielt Livingstone einen Anruf aus dem Verkehrsministerium. Es meldete sich Staatsekretär John Spellar, der sich drei Jahre zuvor dafür stark gemacht hatte, Livingstone aus der Labour-Partei auszuschließen. Nun beglückwünschte er ihn: »Sieh an, der Teufel sorgt selbst für sich«, sagte Spellar. Man habe herzlich zusammen gelacht, erzählte Livingstone. Später gaben hohe Regierungsfunktionäre in Privatgesprächen zu, dass Labour liebend gerne selbst die innenstädtische Verstopfung gestoppt hätte. Der Partei habe jedoch einfach die Courage gefehlt, ein solch kontroverses Projekt anzugehen.

Gut ein Jahr nach Einführung der Maut und fünf Jahre nachdem er ein Desaster für London prophezeit hatte, erklärte Tony Blair: »Man muss diesem Kerl gegenüber fair sein: Er macht seinen Job, und er macht ihn gut.« Ken Livingstone war wieder in die Labour-Partei aufgenommen.

Der Bürgermeister selbst, entgegen seinem alten Image vom ewigen Rebellen, hatte den Ausschluss – so sehr dieser ihn getroffen haben mochte – immer tapfer getragen und mit einer großen Portion Realpolitik beantwortet. Er wusste, eine Rückkehr zu Labour würde vieles erleichtern: die Zusammenarbeit mit der Landesregierung, den Wahlkampf 2004. Also verbaute er sich diese Option nicht: »Labour und ich sind zwei, die erwachsen geworden sind und die politischen Realitäten sehen«, erklärte er. Und auf die Frage, ob er denn von nun an netter zu Blairs Alliiertem, US-Präsident George Bush, sein werde, antwortete er: »George Bush ist kein Parteimitglied.«

Die Rückkehr zu Labour kann nicht vertuschen, dass Livingstone in der englischen Politik ungeliebt bleibt wie kaum ein anderer. John Prescott, Labours Vizepräsident, fügte sich mit versteinerter Miene dem Beschluss, den Bürgermeister wieder einzulassen, und grummelte nur: »Ich traue ihm nicht so weit wie ich ihn verdammt nochmal schmeißen könnte.« Ken Livingstone sei immer nur einer Partei treu gewesen, darauf laufen alle Vorwürfe hinaus: der Ken-Livingstone-Partei. Er sei ein Einzelgänger, der in der Öffentlichkeit große Reden über Verhandlungen mit der IRA-Partei Sinn Fein halte, aber kein Interesse darin habe, im Nordirland-Komitee von Labour mitzuarbeiten; ein Selbstdarsteller, der Labour wegen ihrer Public-Relation-Besessenheit angreife, aber zu Labour zurückkomme, um im nächsten Wahlkampf über eine funktionierende Parteimaschinerie verfügen zu können.

Es ist ein Ken Livingstone, den London nicht sieht.

Wenn er unterwegs ist, einer von uns in der U-Bahn, sprechen ihn die Leute ohne Hemmungen an. Sie kennen ihn doch. Denn er wirkt selbst im Fernsehen immer so natürlich, als stünde er neben einem, in seinem beigen Trenchcoat, mit hängenden Augenlidern, längst ohne den Schnauzer der achtziger Jahre. Er ist jetzt Mitte fünfzig und erstmals Vater geworden. »Ken«, sprechen ihn die Leute in der U-Bahn an, sie kämen nie auf die Idee, ihn mit seinem Nachnamen anzureden.

»Ken, habe ich irgendetwas von dir zu befürchten?«, fragte der Mann gegenüber, als Livingstone mit der District Line im Wahlkampf 2000 nach Wimbledon fuhr. »Wie kann ich sicher sein, dass du dich – persönlich – in den letzten zwanzig Jahren verändert hast, Ken?«

»Wenn ich in zwanzig Jahren nicht aus meinen Fehlern gelernt hätte, gäbe es wohl keine Hoffnung für mich.« Livingstone entschuldigte sich, er musste aussteigen. »Verdammt kalt heute«, sagte er auf dem Bahnsteig zu den Reportern, die ihn begleiteten, »wenn ich Bürgermeister werde, sorge ich dafür, dass in London die Sonne immer scheint.«

Londoner wären schon mit ein bisschen weniger zufrieden, Ken Livingstone selbst vermutlich auch. »Potzblitz!«, sagte er, als er vom Bahnsteig ging, »schon wieder zu spät. Verdammte U-Bahn!«

Londoner VI:
Matthew Syed

**Matthew Syed in seiner Wohnung
in der Montague Road, Richmond:**

London gibt es doch gar nicht.

Damit meine ich: Niemand kann sagen, *das* ist London. Die Stadt hat so viele unterschiedliche Facetten, so viele verschiedene Viertel, sie lässt sich nicht auf einen Nenner bringen. Ich bin sicher, dass sich viele Leute, die noch nie in London waren, die Stadt als einen großen, glitzernden Moloch vorstellen. Sie wären überrascht, wenn sie mich in Richmond am Ende der District Line besuchten. »Das ist doch ein Dorf!«, würden sie protestieren. Richmond gibt einem tatsächlich das Gefühl, auf dem Land zu sein: das idyllische Themseufer, die herrlichen stillen Straßen mit ihren vielen Bäumen, der riesige Park mit den Hirschen. Aber natürlich ist Richmond genauso London wie W1, Soho oder Mayfair. Wenn ich recht darüber nachdenke, dann muss ich sagen, *das* ist das Einzige, was London wirklich ist: alles. London ist alles, London hat alles – das schnelle Leben im Zentrum, wo du an zwei Tagen hintereinander in dasselbe Pub gehen kannst und am zweiten Abend niemanden vom Tag zuvor wieder triffst, und friedliche Stadtteile wie Richmond, das eine Art Dorf mit Stadtbevölkerung ist.

Ich habe meine Wohnung hier mit Mitte zwanzig gekauft und kannte damals einen einzigen Menschen. Robert Waller, ein loser Bekannter. Eines Abends trafen wir uns im *Victoria Pub*, und am Ende des Abends kannte ich zehn, zwanzig, nein, fünfzig Leute. Ich sehe die meisten immer noch häufig. Das ist das Dorf in London: Die meisten kommen in ihrer Freizeit kaum aus ihrem Viertel heraus. Ich verbringe im Prinzip jeden Abend in Richmond. Ah, wenn ich allerdings von »Abend« rede, tut mir gleich wieder der Kopf weh. Ich habe einen ziemlichen Kater. Gestern war wieder einer dieser Abende, an denen du ein Bier trinken gehst, am Ende über Philosophie zu reden anfängst und deshalb ich weiß nicht wie viele Biere trinkst. Manchmal reden wir auch über Politik, wobei ich normalerweise versuche, dies zu vermeiden, weil mich dann immer alle beschimpfen. Seit dem Irak-Krieg scheint niemand mehr Tony Blair zu mögen. Ob ich ihn dann verteidige? Sicher verteidige ich ihn – beziehungsweise ich versuche, schleunigst das Thema zu wechseln.

Ich begegnete Blair auf dem Labour-Parteitag im Herbst 2000. Ich hatte gerade entschieden, dass ich bei den Parlamentswahlen 2001 für Labour kandidieren würde. Auf so einem Parteitag ist immer richtig was los – und plötzlich kam der Premierminister strahlend auf mich zu. Er hätte bei den Olympischen Spielen in Sydney eins meiner Matches im Fernsehen gesehen. Er löcherte mich richtig: Er habe in seinem Büro über Papierkram gebrütet, den Fernseher angemacht und nicht mehr wegschalten können. »Was war da beim Aufschlag los?«, fragte er. Er habe ja auch zu Universitätszeiten viel Tischtennis gespielt. »Solltest du den Ball nicht mehr anschneiden?« Mit solchen Sachen kam er mir. Ich konnte nur noch lachen und stammeln: »Daran erinnern Sie sich?« Am Ende des Gesprächs sah mich Blair an und sein Blick sagte: »Alles schön und gut – aber was tun Sie hier?!« Ich musste ihm erklären, dass ich jetzt für Labour kandidierte.

Ich bin seit acht Jahren in der Partei; als ich in Oxford

Politik studierte, bin ich eingetreten. Studentenpolitik war nichts für mich, dieses Gezeter, diese Intrigen. Damals, im Jahr 2000, als ich entschied, mich für die Parlamentswahlen aufstellen zu lassen, wollte ich einfach ausprobieren, ob die richtige Politik etwas für mich ist, ob ich gut genug für die Politik bin. Es war mir damals immer noch wichtig, einen Ball übers Netz zu schlagen, aber nicht mehr sehr wichtig. Ich war dreißig, drei Mal Commonwealth-Meister und wusste, viel weiter würde ich im Tischtennis nicht mehr kommen. Ich bin ein reiner Abwehrspieler, einer von denen, die den Ball immer wieder zurückbringen, bis der Gegner einen Fehler macht. Das ist für die Zuschauer attraktiv, weil es lange Ballwechsel gibt: Der Angriffsspieler haut immer wütender drauf und ich retourniere den Ball stoisch. Aber spätestens gegen Ende der Neunziger war das Spiel in der Weltklasse so schnell, die Angriffstechnik der Besten so raffiniert geworden, dass man mit meinem Stil keine Chance mehr hatte, in die Top Ten der Welt zu kommen. Ich war an einem Punkt angelangt, an dem ich mir überlegen musste: Was machst du nach dem Sport? Deshalb die Politik.

Meine Kandidatur war von vornherein eine *Mission Impossible*. Ich trat in meiner Heimat an, in Wokingham, einer kleinen Marktstadt, ungefähr sechzig Kilometer von London. Da hat Labour vermutlich das letzte Mal vor Abschluss der Magna Charta gewonnen. 1215. Aber ich dachte: meine Eltern, Großeltern, mein Bruder – fünf Stimmen habe ich schon! Es ging mir hauptsächlich darum, das Ambiente, die Welt der Politik kennen zu lernen. Am Ende gewann ich ganze 17,6 Prozent, stolze 0,6 Prozent mehr als der Labour-Kandidat bei den Wahlen 1997, und ein paar warme Worte. Der *Daily Telegraph* schrieb: »Haltet Ausschau, schon bald wird der Pingpong-Champ unter Labours Aufsteigern zu finden sein.«

So bald wird dies allerdings nicht passieren. Ich bin zwar immer noch aktives Mitglied, aber 2005 bei den nächsten

Wahlen, werde ich definitiv nicht kandidieren. Ich muss mich darauf konzentrieren, mein eigenes Unternehmen aufzubauen. Ich will im Sportmarketing tätig werden. Gerade hat mir die BBC einen ellenlangen Vertrag gefaxt, den ich mir noch durchlesen muss. Sie will im Juli ein Tischtennisturnier aus London übertragen, das ich auf die Beine gestellt habe, mit 175 000 Pfund Preisgeld und allen Stars des Sports.

Der Wahlkampf damals war auf jeden Fall – interessant. Gott, wenn ich daran zurückdenke, wie ich die Runde bei den Labour-Parteihelfern in Wokingham machte und bei diesem alten Polizeiwachtmeister im Wohnzimmer saß! So etwas ist mir vorher noch nie und hinterher nie mehr passiert. Ich saß in seinem Sessel wie paralysiert und hatte das Gefühl, ich würde nie mehr da rauskommen. Er redete und redete und redete, etwa von Flaschenkämpfen, die vor seinem Haus stattfanden. »Flaschenkämpfe, Roy?«, fragte ich. »Ja, was sonst«, sagte er, er habe jedenfalls ein paar Scherben vor seiner Tür gefunden.

Ich habe schon immer die verschiedensten Sachen gleichzeitig gemacht, Politik, Sport, in einer Bank gearbeitet; und ich glaube, London ist die Stadt dafür. Hier sind die Möglichkeiten, und hier sind die Unternehmen bereit, über Formalitäten hinwegzuschauen. Wenn ihnen jemand gefällt, stellen sie ihn ein, ob er Wirtschaft studiert hat oder nicht. Im Moment mache ich vier oder fünf Jobs. Ich habe meine Sportmarketingfirma. Ich schreibe eine wöchentliche Kolumne für die Sportseiten der *Times*; was ich am Schreiben mag, ist, dass du danach das Produkt deiner Arbeit schwarz auf weiß vor dir hast, du kannst es ansehen und anfassen. Das ist eine Befriedigung, die nicht viele Jobs bieten. Ich bin Fernsehkommentator für *Eurosport*, während der Olympischen Spiele in Athen erstmals auch für die BBC. Ich spiele immer noch ein wenig Tischtennis, obwohl ich kaum noch trainiere; vielleicht zweimal die Woche, um den Blick und das Ballgefühl nicht zu verlieren. Aber die Nummer eins in Großbritannien bin ich skurrilerweise immer noch. Daneben engagiere ich mich in einer Organisation für einen wohltätigen Zweck. Wir versuchen, Kinder in heruntergekommenen Londoner Gegenden zum Tischtennisspielen zu animieren. Ist da noch irgendwas, was ich mache? Lass mich überlegen, lass mich überlegen... Nein, das ist es im Moment.

Die *Charity*-Arbeit ist interessant. Mir war gar nicht bewusst, wie viele Leute in London in tristen, grauen Wohnblocks leben. Man unterschätzt das, gerade wenn man wie ich in Richmond wohnt, einem rein weißen Mittel- und Oberklassenviertel. Dort bin ja schon ich als asiatischer Brite die Ausnahme. Weil London keine riesigen Ghettos hat und überall die langen, netten Straßen mit ihren Einfamilienhäusern das Stadtbild beherrschen, übersieht man die Armut leicht. Sie kommt nicht geballt daher, sondern versteckt sich in kleinen Winkeln, in Siedlungen in Edgware oder Tower Hamlet. Durch die *Charity*-Arbeit lerne ich Teile von London kennen, in die ich sonst nie gekommen wäre.

Es gibt wahrscheinlich keinen Londoner, der ganz London kennt. Das ist unmöglich. Die Stadt hält einen unerschöpflichen Fundus an Überraschungen für jeden bereit. Neulich bin ich mit meiner Freundin an der Themse spazieren gegangen. Mit meiner Ex-Freundin, genauer gesagt. Wir gehen ein paar Stufen hinunter, und finden unter der Brücke plötzlich einen wunderschönen Trödelmarkt, wo Briefmarken und alte Schriften verkauft wurden. Herrlich war das. Ein andermal sind wir im Zentrum spazieren gegangen: Whitehall, Downing Street, an all den historischen Plätzen vorbei bis hin zu Old Bailey. Da habe ich mir geschworen, alle drei, vier Monate Tourist in der eigenen Stadt zu spielen. Natürlich ahnte ich schon damals, dass ich meinen Schwur nicht halten würde.

Ich liebe London leidenschaftlich. Obwohl ich mit dem Tischtennis durch die halbe Welt gereist bin, habe ich keinen Ort gefunden, der auch nur ansatzweise mit London mithalten könnte. Manche werden New York anführen. Das kenne ich nicht gut genug. Aber Sydney, Peking, Tokio, Madrid, Rom, die deutschen Städte, tut mir Leid, kein Vergleich. Paris erst recht nicht. Ich sag dir, welche Stadt mir sehr attraktiv erschien: Stockholm. Wunderbare Altstadt, unglaublich attraktive Frauen, das Meer quasi direkt in der Stadt. Aber es wirkte so klein auf mich.

Ich möchte immer in London bleiben. Mir würde es überhaupt nichts ausmachen, wenn ich in den nächsten zwei Jahren keinen einzigen Tag aus London herauskäme. Den einzigen Umzug, den ich einmal für den Bruchteil einer Sekunde in Betracht gezogen habe, war der von Richmond ins Zentrum, nach Soho. Mittendrin zu wohnen, in dieser unglaublichen Atmosphäre. Die Geschichte, die Architektur, die verschiedensten Kulturen Londons direkt vor der Nase zu haben. Aus der Haustür zu treten und direkt in einen Bus zu laufen. Aber dann habe ich den Gedanken wieder verworfen. Von Richmond nach Soho sind es doch nur 25 Minuten mit der U-Bahn. Unglaublich, oder? In 25 Minuten kannst du in London durch die ganze Welt reisen.

Gel dir die Haare,
wir sind im Cup-Finale!

Eine Viertelstunde vor meinem ersten Spiel für den FC Churchill kannte ich noch längst nicht alle Namen meiner neuen
Mitspieler, aber ich war offenbar schon dabei, mir einen Namen zu machen.

»Was ist das denn?«, fragte ein kleiner Kerl mit schmaler
Brust und müden Augen, wie gesagt, ich kannte die meisten
Namen noch nicht.

Es war ein Hamburger.

»Verdammte Hölle, in fünfzehn Minuten fängt das Spiel
an, und er isst einen Hamburger – mit Zwiebeln!«

»Mann, weisst du nicht, dass dir Zwiebeln beim Fußball
hochkommen?«

»Aber ich bin doch Torwart«, versuchte ich mich zu verteidigen und würgte den Hamburger nun so hastig herunter,
dass er mir vermutlich gleich tatsächlich aufstoßen würde.

»Ich kannte mal einen Torwart, der sich vor jedem Spiel
Limonade auf die Hände schüttete, damit die Handschuhe
fester saßen, und ich habe von Deutschen gehört, die im
Sommerurlaub in Südfrankreich mit Socken in Sandalen
rumlaufen, damit die bissigen französischen Kakerlaken ihre

Füße nicht belästigen«, sagte einer mit schwarzen, langen Locken, der auf der gegenüberliegenden Seite der Umkleidekabine saß. »Aber dass es einen deutschen Torwart gibt, der versucht, sich kurz vor Anpfiff mit Zwiebeln zu motivieren, kann ich nicht mal meiner Freundin erzählen.«

Da spürte ich: Ich war aufgenommen.

Mein Freund Rob hatte mich mitgebracht. Ich hätte doch immer behauptet, ich sei ein ordentlicher Torwart, sagte er, nun sei es zu spät, meine Geschwätzigkeit zu bereuen: Sein Team brauche einen. Freizeitfußball, hatte ich gedacht, und vergessen, wie ernst das war.

Der Hamburger war mein Frühstück gewesen, wie für so viele andere, die an diesem Sonntagmorgen abgehetzt in den Hackney Marshes angekommen waren, die Spuren der Samstagnacht noch im Gesicht. Noch schnell auf Toilette; am Waschbecken stand einer und putzte seine Fußballschuhe mit Klopapier. In fünf Minuten sollte Anpfiff sein. Ich dachte: Hätte ich wenigstens das Ketchup weggelassen.

Es war ein schöner Herbstmorgen, die Fußballfelder lagen weich und matschig vor uns, als wir um kurz vor halb elf aus der Umkleidekabine kamen. Direkt vor dem langen, geduckten Betontrakt stand die mobile Imbissbude, an der ich mich bei meiner Ankunft bedient hatte. Auf ihrer Rückseite hing ein Schild »Küche vom Land«. Das Menü beschränkte sich auf Frikadelle oder Wurst im Brot. »Mit Zwiebeln, Liebling?«, fragte die Verkäuferin und – ich hörte es ganz genau – der Junge, der nun vorne in der Schlange stand, antwortet: »Ja, bitte.« Ich sah mich triumphierend um, aber meine neuen Mitspieler waren damit beschäftigt, ihre weißen Trikots aus der Hose herauszuziehen, wieder hineinzustecken, wieder herauszuziehen. Sie überlegten, was professioneller aussah.

Heute, Jahre später, lächle ich milde, wenn ich an die Wichtigkeit denke, mit der wir vom FC Churchill unsere Partien in der West London League bestritten. Ich schüttle den Kopf, wenn ich an die kindische Freude denke, mit der wir unsere unbedeutenden Erfolge im Freizeitfußball feierten. Doch die tiefere Wahrheit ist, dass ich es höllisch vermisse: die Begeisterung, die Unschuld (manche würden das Wort »Naivität« bevorzugen), die Herzlichkeit des englischen Fußballs. Ob samstags bei den Profis in der Premier League oder sonntags bei uns in den Londoner Parks – in England kommt der Fußball noch immer dem am nächsten, was er sein sollte: ein Spaß, ein Spiel.

Für Leute meiner Generation, die in den siebziger Jahren ihre Kindheit erlebten, besitzt der englische Fußball von jeher etwas Faszinierendes, Mystisches. Mit acht oder zehn Jahren durften wir zum ersten Mal bis nach zehn aufbleiben, um mittwochs in der ARD die Zusammenfassung der Eurocupspiele sehen zu können. Staunend erlebten wir, mit welcher Wucht sich die Spieler der englischen Teams in die Zweikämpfe warfen, mit großen Ohren lauschten wir den mächtigen Gesängen der englischen Fans und hörten die Reporter von einem Hexenkessel an der Anfield Road in Liverpool oder im Goodison Park von Everton berichten. Es war die Zeit, als englische Teams den europäischen Vereinsfußball dominierten; allein der FC Liverpool gewann vier Mal den Europacup. Kevin Keegan, Graeme Souness, Kenny Daglish. Die Namen seiner Spieler sind noch heute Synonyme für Größe, für *die englische Art* des Fußballs: Mit Wucht über den Rasen zu rutschten und den Ball vom Fuß des Gegners zu holen und ins Seitenaus zu donnern, wird hier genauso, wenn nicht gar mehr, bewundert, als ein wunderschönes Dribbling. Während man etwa in Spanien die eleganten Dinge des Spiels anbetet, die ausgefeilte Technik, den sauberen Pass, den trickreichen Haken, ist in England, wo man dies alles durchaus auch schätzt, der Einsatz viel wichtiger, der Wille, die Leidenschaft des Spielers. Hier darf jeder Fußballer Schwächen zeigen. Er muss nur alles *versuchen*, um sie wettzumachen. Der achtbare Verlierer ist eine Heldenfigur in England: hart, vor allem gegen sich selbst, doch dabei immer fair, wobei das Verständnis von Fairness geradezu romantisch ist. Dem Gegner nach einer Niederlage respektvoll zu gratulieren, ist genauso wichtig, wie zuvor versucht zu haben, ihn zu besiegen.

Heute, nach Jahren internationaler Zweitklassigkeit und Ächtung wegen der Ausschreitungen der berüchtigten Hooligans, erlebt der englische Fußball eine Renaissance. Seine Vereinsteams gehören seit Ende der neunziger Jahre neben den spanischen und italienischen erneut zu den besten der Welt. Und wieder, wie damals Liverpool in den Siebzigern, kommt das beste Team, Manchester United, aus dem Norden. London ist zu groß, um ein wirklich großartiges Team zu haben: Es gibt zu viele gute, traditionsreiche Stadtteilklubs, als dass eine Mannschaft all die Finanzkraft, all die Liebe der Londoner auf sich vereinen könnte. Arsenal, das 2002 und 2004 Manchesters Vorherrschaft durchbrechen konnte und englischer Meister wurde, sowie der FC Chelsea, der im Sommer 2003 vom russischen Ölmagnaten Roman Abramowitsch übernommen wurde und internationale Stars wie Gummibärchen kaufte, haben es noch am weitesten gebracht, wenngleich nie zu internationalem Ruhm wie Real Madrid, Bayern München oder Manchester.

Doch was den englischen Fußball so besonders macht, ist in London genauso zu spüren wie in Newcastle, Sunderland oder Liverpool, den fußballfiebrigen Städten des Nordens. Man kann von einem Phänomen sprechen, denn selbst in einem globalen Spiel, wie es der Profisport in den neunziger Jahren wurde, bewahrt sich der Fußball seine nationalen Eigenschaften. Der FC Chelsea war 1998 einer der ersten Clubs, der mit elf Ausländern spielte, trainiert von dem Italiener Gianluca Vialli. Aber *wie* Chelsea mit elf Ausländern spielte, das war noch immer englisch: hart und fair, schnell und direkt. Es hat seine Ironie, dass ausgerechnet Chelsea, das in den Achtzigern für die schlimmsten nationalistischen Hooligans in London verrufen war, nun von einem russischen

Präsidenten geführt, von einem Italiener trainiert und auf dem Platz von Franzosen, Deutschen, Niederländern, Isländern und Nigerianern repräsentiert wird. In keinem Beruf ist der Anteil von Ausländern wohl so hoch wie im Profifußball, wo praktisch in jeder deutschen, englischen oder auch ukrainischen Spitzenelf mittlerweile mehr als fünfzig Prozent Ausländer spielen – und keine andere Branche beweist so gut, dass die Angst vor Überfremdung nur ein Hirngespinst ist. Der größte Held der als xenophob berüchtigten Chelsea-Fans wurde zwischen 1997 und 2003 ein kleiner Sarde: der phantastische Stürmer Gianfranco Zola. Und Zola wurde in seinen sechs Jahren in London – als Fußballer ein Engländer. Er verinnerlichte *die englische Art*. Irgendwann einmal sah ich, wie sich Zola bei strömendem Regen auf dem Trainingsgelände in Harlington mit Karacho und laut lachend in eine Pfütze warf. Und ich fragte mich besorgt, ob er nicht langsam *zu* englisch werde.

Den Sozialneid der deutschen Bundesliga, wo Bayern Münchens Fans ihren eigenen Kapitän Stefan Effenberg auspfiffen, drei Monate nachdem er entscheidend mitgeholfen hatte, die Champions League zu gewinnen, den Größenwahn der italienischen Serie A, wo die Spieler wie Marionetten ausgetauscht werden, die Hysterie der spanischen Primera División, wo immer alle anderen Schuld an einer Niederlage sind, der Schiedsrichter, der schlechte Platz, der amerikanische Geheimdienst – all diese Symptome des modernen Spiels gibt es in England natürlich auch. Bloß in erheblich kleinerem Maße. Am selben Abend im Winter 2001, als in München Effenberg vom Platz gepfiffen wurde, verlor der FC Liverpool ein Europapokalspiel 1:3 gegen den FC Barcelona, und 40 000 Liverpudlians applaudierten; aus Respekt vor beiden Teams, als Dankeschön für ein herrliches Spiel. An jedem Samstag sinken in Spanien Dutzende Spieler bei der kleinsten gegnerischen Berührung zu Boden, um einen Elfmeter zu reklamieren. In England stehen Profis nach üblen Fouls einfach wieder auf, selbst wenn sie kaum laufen können, denn das gilt als die größere Leistung, dem Gegner zu zeigen: Ich stehe noch. Jeden Spieltag wieder passen die Teams in Italien den Ball zwanzig Mal vom rechten zum linken Verteidiger und wieder zurück und wieder quer. Und die Trainer behaupten, das sei Taktik. In England spielt man schnell, direkt, mutig nach vorne und nochmals nach vorne. Niemand behauptet, dass der angelsächsische Stil zwangsläufig erfolgreicher ist. Bloß liebenswerter.

Es ist kein Zufall, dass fast alle deutschen Profispieler, die in den vergangenen Jahren in England arbeiteten, dort glücklich waren. Ein jeder von ihnen hat seine Geschichten zu erzählen. Der Münchener Nationalspieler Didi Hamann saß bei seinem ersten britischen Club Newcastle United mit einer Banane da, als die englischen Mitspieler zwei Stunden vor Spielbeginn eine riesige Pizza orderten. Der Berliner Christian Ziege bekam beim FC Middlesbrough vom unvergleichlichen Paul Gascoigne Nachtisch serviert: Aufs Silbertablett zu Trauben und Orangen hatte Gascoigne seinen Penis gelegt. Der Kölner Torwart Lars Leese erlebte, wie beim FC Barnsley ein Kollege eine Stunde vor Spielbeginn in einer Badewanne in der Umkleidekabine lag, zum Aufwärmen, erklärte ihm der Mitspieler, das Wasser sei doch heiß.

All diese Bilder sind in mir, und schon kommt alles wieder hoch: die Fröhlichkeit des englischen Fußballs, die elektrische Stimmung in den Stadien, die Wucht des Spiels (nicht die Zwiebeln). Ich denke an das Pochen der Vorfreude im Kopf, wenn ich samstags im Stadion an der Loftus Road in West London den Profis der Queens Park Rangers zusah. An das Stechen im Magen, Sonntag morgens in den Hackney Marshes, wenn unser Verteidiger Lee den Gegner vor dem Elfmeter anschrie: »Du triffst niemals, wir haben einen Deutschen im Tor!« Lee glaubte, was er sagte. Ich ließ den Elfer durch.

Sie hätten das Spiel erfunden, behaupten die Engländer. In ihrer Hauptstadt hat der Fußball noch immer einen Stammplatz. Dabei wird Fußball in London nicht so offensichtlich heißblütig wie in Südeuropa geliebt, nicht so augenscheinlich besessen wie in den ehemaligen Industriestädten Nordenglands. Das wäre viel zu plump für eine Stadt, die so viel auf ihre Coolness hält. Kaum sieht man unter der Woche Leute in den Trikots der großen Londoner Clubs durch die Straßen laufen, und wenn, sind es oft japanische Touristen oder Shopper aus Surrey oder Hertfordshire. Und plötzlich, samstags gegen drei, sind sie überall: im Norden die strahlend weißen Shirts von Tottenham Hotspur und die leuchtend roten von Arsenal, im Westen die blauen des FC Chelsea, im Osten die weinroten von West Ham, im Süden immer noch einige tausend rot-blau gestreifte des Crystal Palace FC und am Bahnhof Euston die marineblauen des FC Wimbledon. Dieser Club wanderte im Herbst 2003 in die Trabantenstadt Milton Keynes aus, weil er angesichts der Konkurrenz in London nicht mehr genügend Zuschauer und Sponsoren fand. Elf Profiklubs beherbergt London auch ohne Wimbledon noch; nur Buenos Aires besitzt mehr.

Sonntags in den Parks spielen die, die samstags im Stadion zuschauen und meckern. 86 Fußballfelder etwa liegen in den Hackney Marshes im Norden der Stadt, ein Platz neben dem anderen, Tor an Tor, Seitenlinie an Seitenlinie. Während des Zweiten Weltkriegs wurden in dem einstigen Sumpfgebiet Trümmer der deutschen Luftangriffe deponiert, 1947 verwandelte man das Brachland in eine riesige Spielwiese für Freizeitkicker. Noch heute ist es der größte Fußballpark Europas. *Sunday Pub League Football* nennen Londoner die Spiele, die hier in Divisionen wie der West London League ausgetragen werden, weil etliche Gasthäuser ein eigenes Team unterhalten (und die Bäuche etlicher Spieler auf eine hohe Pub-Frequenz schließen lassen). Unser Sponsor war der *Churchill Arms*, ein Pub in Notting Hill, wobei das Wort Sponsor vielleicht etwas zu hoch gegriffen ist: Der Pub bezahlte die Wäsche der Trikots, einmal im Jahr gab es ein Mittagsessen gratis, und links neben der Theke hängte Gerry, der Wirt, unser Mannschaftsfoto auf, zwischen gerahmten *Aglais urticae* und *Araschnia levana*. Tote, aufgepiekste Schmetterlinge sind eine Leidenschaft Gerrys.

Es ging nicht gut los mit mir, als ich an jenem Herbstsonntag des Jahres 1997 mit Zwiebeln im Bauch das erste Mal für den FC Churchill auflief. Ich hielt zwei gefährliche Flachschüsse, ich war bei den Eckbällen zur Stelle, und meine Abschläge waren in Ordnung, aber das alles konnte in den Augen meiner Mitspieler ein wesentliches Versäumnis meinerseits kaum aufwiegen: Ich stauchte sie nicht zusammen.

»Du musst uns richtig anbrüllen, das mögen wir Fotzen«, hatte mein Freund Rob vor dem Spiel gesagt. Es war damals die Zeit von Peter Schmeichel, dem mächtigen Dänen im Tor des englischen Meisters Manchester United, der seine Vorderleute permanent mit militärischer Stimme zusammenfaltete. Ich hielt Schmeichel, ehrlich gesagt, eher für plemplem als für großartig. Aber dass ich die Jungs im ersten Spiel durch meine Stille so enttäuschte, hatte einen anderen Grund: Ich war so nervös, so sehr damit beschäftigt, keinen Fehler zu machen, dass ich nicht auch noch meinen Verteidigern erklären konnte, sie seien verdammte Fotzen, die verdammt nochmal den verdammten Ball vor dem verdammten Gegner stoppen sollten.

Im dritten Spiel probierte ich es aus.

Rob schrie zurück, dass ich eine verdammt nochmal viel größere Fotze sei, die verdammt nochmal schneller aus ihrem verdammten Tor kommen müsse.

Ich war entsetzt.

Nach dem Spiel kam Rob zu mir, um mir zu gratulieren. »Sehr gut gemacht, Kumpel. Wir haben uns richtig hochgepuscht, was?! Die Konzentration bleibt am Limit, wenn man sich anschreit. Wie bei Schmeichel.«

»Ja, natürlich«, sagte ich.

Unsere Heimspiele trugen wir in den Wormwood Scrubs aus, im Niemandsland zwischen White City und North Kensington, auf einem dieser riesigen Stücke grünen Brachlands, von denen es angesichts der Platznot und der teuren Bodenpreise noch immer verblüffend viele in London gibt. Möglicherweise werden sie von Bauunternehmern aus dem einfachen Grund nicht angerührt, weil dort irgendwann einmal Fußballtore aufgestellt und Seitenlinien gezogen wurden. Neben unserem Platz standen zwei riesige viktorianische Gebäude, ein prächtiges und ein etwas heruntergekommenes. Das prächtige war ein Gefängnis, das heruntergekommene das Hammersmith Hospital.

In die Hackney Marshes fuhren wir nur ab und an zu Auswärtsspielen. Es waren jedes Mal Höhepunkte. Denn in den Marshes schaute Ian Morgan zu.

»Sprich ihn halt mal an«, schlug ich eines Tages Charlie, unserem rechten Verteidiger, vor.

»Bist du verrückt?«, fragte er zurück.

Morgan war über fünfzig, Koordinator der Stadtverwaltung für den Parksport, aber vor allem: ein Heiliger. Von 1964 bis 1975 hat er für die Queens Park Rangers in der ersten englischen Liga gespielt. Aus unserem Team war 1975 keiner älter als acht, neun Jahre alt gewesen, die Mehrheit gerade erst oder noch nicht einmal geboren. Aber darauf wäre niemand gekommen, der uns reden hörte: Die siebziger Jahre!

»Damals wäre QPR eigentlich Meister geworden, wenn sie in diesem einen Jahr nicht auswärts gegen Chelsea unter die Räder gekommen wären und danach nicht mehr auf die Beine. Chelsea hatte heimlich nachts die Tore versetzt und den Platz kürzer gemacht.«

»Die Bastarde! Ich habe mir neulich auch eine Magenverstimmung zugezogen, als ich in Chelsea einen Hühnchen-Kebab gegessen habe.«

»Weil die das Hühnchen kürzer gemacht haben?!«

Sechs in unserem Team waren Anhänger der Queens Park

Rangers. Es war das lokale Team. West-London, Shepherd's
Bush – die meisten von uns waren dort groß geworden. Weil
wir zwar nicht wussten, wer das ungeschriebene britische Ge-
setz aufgestellt hatte, dass »du deine Frau wechseln kannst,
deinen Fußball-Club allerdings nie«, aber doof genug waren,
daran zu glauben, gingen wir weiterhin regelmäßig zu den
Rangers. Sechs QPR-Fans und einer von Eintracht Frankfurt,
der Gott sei Dank ja daran gewohnt war, im Stadion nichts zu
lachen zu haben. QPR war mittlerweile nur noch dritte Liga,
wir zahlten 21 Pfund (31,50 Euro) Eintritt für einen gewöhnlichen Sitzplatz und wären nie auf die Idee gekommen, uns
darüber zu wundern: Bei Chelsea, den verdammten Bastar-
den ein paar Meilen weiter südöstlich, zahlten die Fans doch
sogar 25 Pfund. Natürlich war Chelsea eine europäische Spit-
zenmannschaft, Favorit auf den englischen Meistertitel und in
der Champions League. Aber dann war QPR wenigstens in
diesem Bereich noch gleichwertig: bei den Eintrittspreisen.
Und wir stolz darauf. 12 000 Besucher kamen weiterhin zu
den drittklassigen Spielen an der Loftus Road, manchmal sogar 18 000. QPR hatte zwar kaum noch einen Spieler, der den
Ball unter Bedrängnis sauber stoppen und intelligent weiter-
spielen konnte, aber wir sangen noch immer begeistert
»Hoooops, dädädä«, denn *The Hoops* waren wir, die QPR,
und wir verhöhnten die Gegner mit den unflätigsten Worten,
die uns einfielen. Aber sonntags Ian Morgan ansprechen? Bist
du wahnsinn, Mann?!

Schließlich tat ich es.

Wir hatten gerade 2:6 verloren und waren uns einig: So
konnte es nicht weitergehen.

»Wir müssen die Abwehr umstellen.«

»Statt mit vier Mann nur noch mit drei Mann hinten, dafür
zwei Außenspieler im Mittelfeld, die sich bei gegnerischem
Ballbesitz in die Abwehr verschieben. Juventus Turin spielt
auch so.«

»Wir bräuchten Rat von einem, der wirklich Ahnung hat.«

»Was soll das heißen, Mann?! Ich habe dir doch gesagt: Juventus Turin spielt auch so!«

»Ja, und David Beckham trägt die Unterhosen seiner Frau.«

»Na, das hilft uns auf jeden Fall weiter!«

Also ging ich und fragte Morgan. Heimlich. Ich sagte ihm, ich sei ein deutscher Reporter und wolle eine Geschichte über die Hackney Marshes schreiben. Morgan trug seine mittlerweile grauen Haare mit 51 noch so, wie es professionelle Spieler vor zwanzig Jahren am liebsten getan hatten: an den Seiten kurz und im Nacken lang. Seine Augen leuchteten, als ich ihm sagte, er sei doch Profi gewesen, ein Held bei QPR und ihn fragte, was er denn vom Freizeitsport in den Marshes halte?

»Es ist phantastisch: Diese Kerle da draußen trainieren ihr ganzes Leben nicht, aber sonntags stehen sie auf dem Platz und halten sich für die größten Fußballer der Welt. Die glauben, sie seien Paul Gascoigne, obwohl sie so fett sind, dass sie kaum rennen können.«

»Äh, klar, Ian.«

»Aber weißt du, was der schönste Moment ist?«

»Nein, Ian.«

»Wenn du am Ende des Tages die Spieler von den Plätzen zurückkommen siehst. Eine laut schwatzende Karawane, und in ihren Gesichtern kannst du schon von weitem sehen, ob sie gewonnen haben.« Er selbst spielte nicht mehr, der Fußball hatte seine Knie ruiniert.

»Hier, schau, ich kann mein Knie gleichzeitig in zwei verschiedene Richtungen bewegen.« Er krempelte seine Hose hoch und führte seine kaputten Gelenke wie Trophäen vor. Er streckte das Bein aus, spannte die Muskeln an. Seine Kniescheibe schien sich in zwei Hälften zu teilen, ein Stück zuckte nach rechts, das andere im selben Moment nach links.

Ab und an, erzählte er mir, drehe er in den Marshes seine Runde, und manchmal erkenne ihn einer der Spieler.

»Ian, was meinst du, sollen wir in der Abwehr lieber mit

drei Mann spielen als mit vier‹, fragen die mich. Kannst du dir das vorstellen?!«

»Äh, nein, Ian. Ich meine: klar, Ian!«

Er schüttelte sich vor Lachen: »Was soll ich da sagen: Die liegen 0:7 zurück, treffen keinen Ball, aber diskutieren groß über die richtige Taktik. Soll ich denen etwa erzählen: Trinkt am Abend vorher nur sieben statt vierzehn Bier, das hilft euch mehr?« Ich versuchte, mich zu erinnern, wie viel Bier ich am Abend zuvor getrunken hatte.

»Nein, natürlich sage ich: Zu eurer Spielweise würde meiner Meinung nach eine Drei-Mann-Abwehr besser passen.« Es waren nicht mehr als sieben Bier gewesen, doch, da war ich mir sicher.

»Da sagen die: ›Haben wir uns auch schon gedacht, Ian. Wir ändern das.‹ Und dann sind sie glücklich.«

In den darauf folgenden Woche stellten wir auf eine Drei-Mann-Abwehr um. In jenem Jahr erreichten wir das Cup-Finale. Das war eine große Sache. Wir hatten Kerle im Team, die kamen das ganze Jahr nicht zum Training, aber zum Cup-Finale: Da kamen sie mit gegelten Haaren und Freundin. Mir hatte keiner was gesagt.

»Wo ist deine Freundin, Ronnie?«

»Meine Freundin? Wieso?«

»Es ist doch Cup-Finale, Mann!« Sie waren beleidigt. Sie glaubten, ich würde das Endspiel nicht ernst nehmen. Ich hatte als Einziger meine Freundin nicht mitgebracht. Wir verloren das Finale 0:2.

Ein Jahr später waren wir schon wieder im Endspiel.

»Hey, wir haben eine Serie!«

»Wir sind ein echtes Cup-Team, Mann!«

Ich wollte meinen Fehler vom Vorjahr wieder gutmachen. Bloß war meine Freundin zu jenem Zeitpunkt nicht in London. Als Ersatz brachte ich zwei australische Bekannte mit.

»Du bist also Ronnies Freundin?«, fragte unser Mittelstürmer John die eine Australierin.

»Nein«, sagte Audrey.

»Oh.« John unternahm einen zweiten Versuch: »Du bist also Ronnies Freundin?«, fragte er die andere Australierin.

»Nein«, sagte Kate.

»Äh?!« Es war zu viel für John. Wir verloren das Cup-Finale 0: 1. John vergab zwei todsichere Chancen.

Unser Spiel war nie zu Ende. Hinterher in der Umkleidekabine, in den Autos auf dem Weg zurück, schließlich im *Churchill Arms*, lebte das Match in unseren Gesprächen weiter, erhielt es neue Wendungen: »Wenn du, als die zwei Verteidiger auf dich zuliefen, nach links in den freien Raum gepasst hättest…«, wurde es umgeschrieben: »Du meinst die Situation, als die auf Abseits spekulierten, aber der Lange mit dem Pferdeschwanz gepennt hat…«, wurde es relativiert: »Nein, da, wo die Nummer sieben schlecht steht«, und schließlich das Fazit gezogen: »Aha.«

Wir redeten eigentlich nur über Fußball. Ich kann mich lediglich an zwei Ausnahmen erinnern. Einmal sprachen wir über China, ein anderes Mal über Kondome. Wie wir auf China kamen? Keine Ahnung, ehrlich. Aber das mit den Kondomen kann ich erklären: Wir wickelten uns vor jedem Spiel Tapeverband um unsere Stutzen, damit diese nicht runterrutschten. Einmal war das Tape aus.

»Nimm doch Tesafilm, Mann, das tut's auch.«

»Tesafilm?! Ich soll mir meine Stutzen mit Tesafilm festkleben?!«

»Klar, Mann. In Nordirland nehmen sie Tesafilm sogar als Kondome.«

»In Schweden hat ein Freund von einem Freund von mir mal eine IKEA-Plastiktüte als Kondom benutzt.«

»Ich nehme nie Kondome.«

»Danke für den Hinweis, Mann.«

Dafür, dass wir fünf Jahre lang zusammenspielten, wussten wir wenig voneinander. Wer gut beim Kopfball war, wer eine lahme Ente war. Aber sonst? Wer für welche Profi-Elf schwärmt natürlich noch. Gott sei Dank hatten wir keinen Manchester-United-Fan im Team. Außer den sechs Queens-Park-Rangers-Fans und dem einen von Eintracht Frankfurt gab es bei uns im Team vier Anhänger von Liverpool, drei Tottenham-Fans, außerdem noch vertreten: Leeds, Everton, Chelsea. Sonntags um halb elf, wenn der Schiedsrichter anpfiff, glaubten wir, wir wären es: Liverpool, Chelsea, Leeds (Eintracht Frankfurt nicht unbedingt). Natürlich hatte keiner von uns das Zeug dazu, Profi zu werden. Und doch fand sich sonntags beim FC Churchill alles, was den englischen Fußball so einzigartig macht: die Selbstverständlichkeit, nicht zu betrügen, die Freude, einen Gegner mit einem astreinen Tackling von Ball und Boden getrennt zu haben, der Handschlag mit demselben nach Spielschluss.

Als ich London im Winter 2001 verließ und mein letztes Spiel für den Churchill gespielt hatte, scharte mein Freund Rob die Jungs um sich. Wir waren im *Churchill Arms*, morgens hatten wir 3:2 gesiegt, und es war wie immer, wenn wir gewonnen hatten: Wir redeten wenig, und grinsten dafür eine Menge. Irgendwann musste ich mich neben Rob stellen, er wollte eine Abschiedsrede halten. In diesem Moment fühlte ich, wie sehr sie mir fehlen würden. Ich nahm mir vor, nicht zu weinen.

Es war eine überflüssige Vorsichtsmaßnahme.

»Wir alle wissen, dass es heute Ronnies letzte Partie war«, fing Rob an. Ich drückte die Lippen zusammen und schluckte heftig. Die Jungs grinsten.

»Zum Abschied wollten wir dir eigentlich Hitlers *Mein Kampf* schenken.« Sie mochten mich wirklich. »Aber dann dachten wir, das hast du sicher schon.« Hektisch blickte ich mich um. Das halbe Pub hörte zu. Ich suchte panisch nach einer schlagfertigen Erwiderung. Mir fiel keine ein. Rob übergab mir etwas Hartes, Rechteckiges in Geschenkpapier.

Es sah aus wie eine Schachtel Pralinen. Ich war mir sicher, dass es keine war.

Die Jungs begannen, begeistert zu lachen – zu früh, ich hatte das Geschenk noch gar nicht ausgepackt. Andere Gäste waren von ihrem Essen aufgestanden und schauten mir über die Schulter. Jetzt lachten sie auch. Ich hatte ein gerahmtes Foto aus dem Papier gewühlt. Das Bild war wie der Rahmen: schwarz. Einfach schwarz, so schwarz wie die elektronische Anzeigetafel in einem Fußballstadion. »Olympiastadion München, 1. 9. 2001«, stand in Gold auf der Anzeigetafel auf meinem Foto, und »Deutschland 1 England 5«. Ich war der einzige Deutsche, der je für den FC Churchill gespielt hatte.

Später wandten wir uns dem Fernseher zu. Er hängt im *Churchill Arms* direkt über der Eingangstür, sodass die Leute, die hereinkommen, immer glauben, alle starrten auf ihre Haare. Wir warteten auf die Liveübertragung der Sonntagsspiele der Premier League. Liverpool gegen Sunderland. Noch aber liefen die Nachrichten. Der Krieg in Afghanistan. Sie zeigten die Menschen in Kabul nach der Flucht der Taliban-Kämpfer. Hunderte Afghanen jubelnd in den Straßen.

»Was ist los, haben die Manchester United geschlagen?!«

»Ja, herzlichen Glückwusch auch!«

Dann ein Standbild von Osama bin Laden. Wir schrien es an:

»Du spielst nie für England! Du spielst nie für England!«

Dann endlich Liverpool. Wir waren alle für Liverpool, weil wir entweder Fans des Teams oder nur gegen Manchester United waren. Liverpool war damals Uniteds größter Rivale im Kampf um die Meisterschaft. Kurz vor der Halbzeit schrien wir auf:

»Oh, was für ein Tackle!«

»Super, mit Anlauf!«

»Der Gegner ist drei Meter weit geflogen!«

»Das war Ball gespielt, Mann!« Liverpools deutscher Nationalspieler Didi Hamann war, beide Beine voraus, mit Anlauf nach dem Ball gesprungen. Der Schiedsrichter zeigte ihm die rote Karte. Wir konnten es nicht fassen. Dann hörten wir, wie die Fans im Stadion an der Anfield Road Hamann mit stehenden Ovationen verabschiedeten. Wir standen auf und applaudierten dem Fernseher. Wir brüllten.

»Ein Didi Hamann, es gibt nur ein' Didi Hamann!«

»Aber der geht jetzt in die Kabine, Mann!«

»Kein Didi Hamann, es gibt kein' Didi Hamann!«

Es war mit die beste Zeit meines Lebens. Der Humor, die Lieder, das Herzblut. Englischer Fußball. Premier League, West London League.

Liverpool schlug Sunderland 1:0. Gleich anschließend sahen wir uns an, wie Arsenal Manchster United 3:1 besiegte. Wir lachten, als das saure Gesicht von Uniteds Trainer Alex Ferguson zu sehen war. Wir sangen.

»Freut euch, ihr Afghanen, oh, was kann es sein?! Eine weitere Niederlage für Sir Alex und sein Scheiß-Fußball-Team!«

Dann war es Zeit zu gehen. Ich nahm mein Fahrrad und fuhr die Kensington Church Road hinunter. Zum letzten Mal. Ich radelte einhändig. Mit der anderen Hand presste ich die Sporttasche an mich, damit das Foto darin ja nicht zerbrechen würde. Ich begann London schon zu vermissen, obwohl ich noch dort war.

Zwei Jahre später in meiner Wohnung in Barcelona suchte ich das Foto der Münchener Anzeigetafel verzweifelt in all den Kisten mit meinem Londoner Krimskram, den ich nie ausgepackt hatte. Ich musste es auf meinem Schreibtisch aufstellen. Das zumindest war ich ihnen schuldig, so zu tun, als ob es immer dort gestanden hätte.

Sie kamen.

»Trainingslager« nannten sie es, und ich konnte mir schon vorstellen, was der FC Churchill während seines dreitägigen Besuchs in Barcelona vor allem trainieren würde. Doch ich hatte nicht nur Bierdosen in großen Mengen besorgt, sondern auch ein Freundschaftsspiel gegen eine katalanische Elf organisiert.

Es war, als ob ich nie weggegangen wäre. Als ob wir gar nicht in Barcelona wären – wir waren in unserem Kosmos. Dort, wo es nur ein Thema gab.

»Was wollt ihr euch in Barcelona anschauen?«, fragte ich.

»Das Stadion. Am besten ein Spiel vom FC Barcelona. Und am Sonntag müssen wir ein englisches Pub finden. Da wird United gegen Arsenal live übertragen.« Also zeigte ich ihnen die britische *Fastnet Bar*, das Camp Nou Stadion und am Samstag Nachmittag einen staubigen Aschenplatz im öden Vorort Vallbona. Dort wartete bereits das katalanische Team auf uns.

»Und, was ist in den zwei Jahren passiert?«, fragte ich John – unseren Verteidiger John, nicht den Mittelstürmer John – auf der U-Bahn-Fahrt nach Vallbona.

»Ach, nichts«, sagte John. Aber auf einmal lächelte er. Sein Lachen war keine Werbung für britische Zahnärzte.

»Weißt du, wer dieses Jahr Kapitän ist?«, fragte er.

»Nein«, antwortete ich.

»Ich. Sie haben mich zum Kapitän gemacht.« Er strahlte. Als Kapitän war es Johns Aufgabe, dem gegnerischen Kapitän einen Bierkrug mit dem Emblem des *Churchill Arms* zu übergeben und vorher ein ernstes Wort mit mir zu reden.

»Ronnie, es geht nicht gegen dich, aber das hier ist ja unsere Saisonvorbereitung, und Lynden, unser neuer Torwart, braucht Spielpraxis. Wäre es vielleicht okay, wenn er heute im Tor spielen würde und du im Feld? Ist nicht persönlich gemeint, wie gesagt.« Es musste ihn einige schlaflose Nächte gekostet haben, den Satz einzustudieren. Den Bierkrug zog er bei der Seitenwahl ruckartig hinter seinem Rücken hervor und hielt ihn dem überraschten Katalanen-Kapitän wortlos hin. Dann machten wir Fotos von uns vor Spielbeginn; wir waren doch Touristen.

Dem Spiel merkte man durchaus an, was wir am Abend zuvor getrunken hatten, wobei es mir manchmal so vorkam, als ob nur ich diesen Rückschluss von Biertrinken auf Leistung anstellte.

»Verdammte Hölle, auf diesem Platz verspringt der Ball aber leicht!«

»Ich habe einfach nicht die richtigen Schuhe für diesen Untergrund.«

Ich versuchte, so wenig wie möglich angespielt zu werden (ich konnte meine Qualitäten als Feldspieler sehr gut einschätzen) und konnte deswegen umso besser dem Spiel zusehen. Es war faszinierend: All diese Klischees vom technisch eleganten spanischen Fußball und vom kämpferischen englischen Spiel – sie waren alle, alle wahr. Hier, auf unterstem Niveau, waren sie deutlich auszumachen.

»Verdammte Hölle, das ist verdammte Qualität!«, schrie Adley, unsere Allzweckwaffe, der diesmal im Mittelfeld ran musste, als ihn wieder einmal ein Katalane locker ausgespielt hatte.

»Verdammte Hölle, haut euch verdammt nochmal richtig in die verdammten Zweikämpfe rein!«, rief er zwei Minuten später. Und dann grätschten wir. Wir ackerten wie verrückt. Die Spanier waren geradezu beleidigt von unserem Eifer. Sie stellten ihr Spiel praktisch ein.

Am Ende hatten wir 2:3 verloren.

»Ganz schön knapp, was?!«

»Ein gutes Resultat für ein Europacup-Hinspiel!«

»Auswärts! Wo die gegnerischen Fans mit Münzen auf dich werfen und das Essen im Hotel vergiftet ist!« Wir gaben den Katalanen die Hand.

Später saßen wir noch eine Weile an der schäbigen Bar des staubigen Sportplatzes im trostlosen Vallbona und redeten über die Technik der Spanier, unsere schlecht gewählten Fußballschuhe und über alte Geschichten.

»Hier gibt's gar keine Hamburger, Ronnie.«

»Weißt du noch – der Hamburger, den Ronnie in den Marshes vor dem Spiel gegessen hat: Der war grün!«

»Du meinst den, den er während des Spiels gegessen hat!«

Ich saß da, gerührt, dass alles so war wie früher, und wurde ein klein wenig melancholisch. War das wirklich alles, was von mir in Erinnerung geblieben war: der deutsche Torwart, der kurz vor dem Spiel einen Hamburger mit Zwiebeln gegessen hat?

Londoner VII:
Pandit Jee Mahraj

Priester Pandit Jee Mahraj im Vishwa Hindu-Tempel, Lady Margaret Road, Southall:

Sehen Sie all die Leute hier? Sie warten alle auf mich. Sie kommen wegen anstehender Hochzeiten zu mir oder um mit mir zu beten. Es gibt so viel zu tun, es tut mir Leid, aber ich habe keine Zeit, mit Ihnen über London zu reden. Aber hier, nehmen Sie: Zwei Bananen.

Wir geben all unseren Gästen Geschenke mit auf den Weg. Bitte, nehmen Sie die Bananen, bevor Sie gehen. Gott segne Sie.

Bereits erschienen:
Gebrauchsanweisung für ...

Alaska
von Dirk Rohrbach

die Alpen
von Bene Benedikt

Amerika
von Paul Watzlawick

Amsterdam
von Siggi Weidemann

Andalusien
von Paul Ingendaay

Apulien und die Basilikata
von Maria Carmen Morese

Argentinien
von Christian Thiele

Australien
von Joscha Remus

das Baltikum
von Sabine Herre

Barcelona
von Merten Worthmann

Bayern
von Bruno Jonas

Berlin
von Jakob Hein

Brasilien
von Peter Burghardt

die Bretagne
von Jochen Schmidt

Brüssel und Flandern
von Siggi Weidemann

Budapest und Ungarn
von Viktor Iro

Burgenland
**von Andreas Weinek
und Martin Weinek**

Burma / Myanmar
von Martin Schacht

China
von Kai Strittmatter

Deutschland
von Wolfgang Koydl

Dresden
von Christine von Brühl

Dubai und die Emirate
von Felicia Englmann

Düsseldorf
von Harald Hordych

die Eifel
von Jacques Berndorf

England
von Heinz Ohff

Finnland
von Roman Schatz

Frankfurt am Main
von Constanze Kleis

Frankreich
von Johannes Willms

den Gardasee
von Rainer Stephan

Griechenland
von Martin Pristl

Hamburg
von Stefan Beuse

den Harz
von Jana Thiele

Indien
von Ilija Trojanow

Irland
von Ralf Sotscheck

Island
von Kristof Magnusson

Istanbul
von Kai Strittmatter

01/0001/15/L

Italien
von Henning Klüver

Japan
von Andreas Neuenkirchen

Kalifornien
von Heinrich Wefing

Kapstadt und Südafrika
von Elke Naters und Sven Lager

Katalonien
von Michael Ebmeyer

Kathmandu und Nepal
von Christian Kracht
und Eckhart Nickel

Köln
von Reinhold Neven Du Mont

Korsika
von Jenny Hoch

Kroatien
von Jagoda Marinić

Leipzig
von Bernd-Lutz Lange

London
von Ronald Reng

Los Angeles
von Rainer Strecker

Mailand mit Lombardei
von Henning Klüver

Mallorca
von Wolfram Bickerich

Mecklenburg-
Vorpommern und
die Ostseebäder
von Ariane Grundies

Moskau
von Matthias Schepp

München
von Thomas Grasberger

das Münchner
Oktoberfest
von Bruno Jonas

Münster und
das Münsterland
von Jürgen Kehrer

Neapel und die
Amalfi-Küste
von Maria Carmen Morese

Neuseeland
von Joscha Remus

New York
von Verena Lueken

Niederbayern
von Teja Fiedler

Nizza und
die Côte d'Azur
von Jens Rosteck

Norwegen
von Ebba D. Drolshagen

Österreich
von Heinrich Steinfest

Paris
von Stephen Clarke

Peking und Shanghai
von Adrian Geiges

Peru
von Ulrike Fokken

Polen
von Radek Knapp

Portugal
von Eckhart Nickel

Potsdam und
Brandenburg
von Antje Rávic Strubel

Rom
von Birgit Schönau

Rügen und Hiddensee
von Holger Teschke

das Ruhrgebiet
von Peter Erik Hillenbach

Rumänien
von Jochen Schmidt

Salzburg und
das Salzburger Land
von Adrian Seidelbast

Sardinien
von Henning Klüver

Schottland
von Heinz Ohff

Schwaben
von Anton Hunger

den Schwarzwald
von Jens Schäfer

Schweden
von Antje Rávic Strubel

die Schweiz
von Thomas Küng

Sizilien mit den
Liparischen Inseln
von Constanze Neumann

Spanien
von Paul Ingendaay

Stuttgart
von Elisabeth Kabatek

Südfrankreich
von Birgit Vanderbeke

Südtirol
von Reinhold Messner

Sylt
von Silke von Bremen

Thailand
von Martin Schacht

Thüringen
von Ulf Annel

Tibet
von Uli Franz

die Toskana
von Barbara Bronnen

Tschechien und Prag
von Jiří Gruša

die Türkei
von Iris Alanyali

Umbrien
von Patricia Clough

die USA
von Adriano Sack

den Vatikan
von Rainer Stephan

Venedig mit Palladio und
den Brenta-Villen
von Dorette Deutsch

Vietnam, Laos
und Kambodscha
von Benjamin Prüfer

Washington
von Tom Buhrow
und Sabine Stamer

die Welt
von Andreas Altmann

Wien
von Monika Czernin

und außerdem für ...

den FC Bayern
von Helmut Krausser

die Formel 1
von Jürgen Roth

01/0003/15/L

PIPER

Verena Lueken
Gebrauchsanweisung für New York

5400 Hochhäuser, mehr als 180 Sprachen und der einzige Ort
in den USA, an dem man ernsthaft zu Fuß geht: New York
ist einzigartig. Ihr Herz wird also klopfen, wenn Sie sie das erste Mal betreten. Es wird klopfen vor Angst, wenn Sie lesen
werden, daß die falsche Farbe Ihrer Schuhe für Sie böse soziale
Folgen haben könnte. Vor Rührung, wenn Sie hören, daß
die Spitze des Empire State Building immer mal wieder in anderen Farben erstrahlt. Vor Glück, wenn Sie das erste Mal
eine Ansage Ihres freundlichen U-Bahn-Schaffners verstanden
haben. Und vor Freude, wenn Sie wie so viele vor Ihnen das
Gefühl von Freiheit empfinden, sobald Sie die Stadt zum ersten Mal betreten. Verena Lueken zeigt Ihnen New York –
und weiht Sie ein in die Geheimnisse eines Alltags, in dem das
Unerwartete noch immer die einzige Konstante ist.

01/1492/01/R

Siggi Weidemann
Gebrauchsanweisung für Amsterdam

Alle wollen nach Amsterdam: wegen der baumgesäumten Grachten und des vom Seewind geprägten Klimas, der vielen Fahrräder und natürlich Vincent van Goghs Sonnenblumen. Aber auch wegen der Cannabiswolken und der roten Schaufenster – und weil, wo einst der bürgerliche Ungehorsam herrschte, heute das »interkulturelle« Experiment gepredigt wird. Siggi Weidemann kennt die ganze Vielfalt der zeitlos genialen Hauptstadt, der Heimat Nootebooms, Anne Franks und Rembrandts: Er nimmt uns mit zum Dreigrachtenhaus, zu den schönsten Hinterhof-Oasen und zeigt uns den Charme skurriler Probierstuben und bunter Märkte – und wo der Amsterdamer hingeht, wenn es lekker und smakelig sein soll.

01/1660/01/L

PIPER

Heinz Ohff
Gebrauchsanweisung für England

England ist anders. Schon immer gewesen. Man fährt notorisch links, trägt in Gerichtssälen Perücken und verehrt zum Beginn des 21. Jahrhunderts eine Königin, Elisabeth II. nämlich und das unbeirrbar seit 1953. Von jeher messen, wiegen und berechnen die Briten anders als andere Europäer. Das soll sich auch in Zeiten des Euro noch nicht wesentlich geändert haben, sie pflegen ihre »splendid isolation«, die ihnen schon in vergangenen Jahrhunderten imperiale Größe gesichert hat.
Heinz Ohff kennt England wie seine Westentasche. Seine humorvoll ironischen Ratschläge werden Ihnen helfen, mit dem Wetter, den seltsamen Dialekten und dem gewöhnungsbedürftigen Essen dort zurechtzukommen.

01/1089/01/R

PIPER

Heinz Ohff

*Gebrauchsanweisung für
Schottland*

Schottland ist nicht England. Es hat eine eigene Sprache,
eine eigene Kultur, eine eigene Rechtsprechung, eine eigene
Kirche und sogar ein eigenes Wetter. Wie es dazu – und
zur Vereinigung mit dem Inselnachbarn England – kam,
sollte man wissen, ehe man das Land besucht. Heinz Ohff
erzählt nicht nur Wichtiges aus der schottischen Geschichte, sondern berichtet auch über die Eigenheiten der Leute
im Norden Großbritanniens, die auch heute noch immer
zu beobachten sind. Warum zum Beispiel Glasgow und
Edinburgh einander nicht mögen, was es mit Porridge,
Whisky oder Haggis auf sich hat, warum die schottische
Küche so gut und mancher Dialekt so unverständlich ist.
Fragen nach Nessie, den Regeln der Highland-Games oder
auch danach, was Schotten unter dem Kilt tragen, erübri-
gen sich nach der Lektüre dieses charmanten Buches.

01/1090/01/L

PIPER

Ralf Sotscheck
Gebrauchsanweisung für Irland

Die Insel in Europas Nordwesten: vielleicht der Flecken Erde mit den meisten Klischees pro Quadratmeter. Was aber erwartet den Irlandreisenden wirklich? Eine der jüngsten Bevölkerungen, die nach zwanzig Jahren Wirtschaftsboom wieder auf den Boden der Tatsachen geholt wurde. Doppelt so viele Schafe wie Menschen. Viel Regen, schwarzes Bier, Bingohallen und eine eigentümliche Sprache. Größen der Weltliteratur von Joyce bis McCourt. Hier sind Sagen und Legenden lebendig, schwebt die Feenfrau Banshee noch immer durch verwitterte Ruinen; hier erfand ein Dubliner den Grafen Dracula. Ralf Sotscheck erzählt mit irisch inspirierter Fabulierlust und lässt das bunte Mosaik einer Nation zwischen keltischer Tradition und Zukunftsfragen entstehen.

01/1215/03/R

PIPER

Jochen Schmidt
*Gebrauchsanweisung für
die Bretagne*

Die Bretagne: rau, felsig und winddurchtost. Hier haben die
Kelten gelebt und die Gallier – weil es kein Römer je aus-
gehalten hätte. Behauptet Jochen Schmidt. Und er muss es
wissen, denn er hat sich lange umgesehen, dort, wo die Ar-
tischocken herkommen, der Cidre und natürlich die Artus-
sage. Aber trotz aller Drachen und Feen, die in dem kelti-
schen Land zwischen Wind und Wald zu Hause sind, ist auch
in der Bretagne die Zeit nicht stehen geblieben. Was sich
geändert hat, welche Sprache dort heute wirklich gesprochen
wird und warum alle Bretonen dickköpfig und katholisch
sind – das verrät Schmidt auf kurzweilige Weise.

01/1357/02/L

PIPER

Paul Watzlawick
Gebrauchsanweisung für Amerika

Nehmen Sie nie, wirklich nie die Hand aus der Hosentasche.
Allenfalls zur Begrüßung. Rechnen Sie damit, sowohl von
links als auch von rechts überholt zu werden. Denken Sie bei
Verabredungen stets daran, auf das »a.m.« oder »p.m.« zu
achten. Vergessen Sie bloß Ihre Kreditkarte nicht. Seien Sie
überhaupt kreditwürdig! Drehen Sie immer die Heizung auf
volle Pulle, und schalten Sie gleichzeitig die Klimaanlage ein.
Ziehen Sie am hellichten Tag Vorhänge und Jalousien zu, und
knipsen Sie dann das Licht an. Helfen Sie einer Dame besser
nicht aus dem Mantel. Üben Sie buchstabieren. Machen Sie
sich mit Yards, Zoll und Feet vertraut. Fragen Sie keinesfalls
nach dem Klo – ein Amerikaner geht höchstens mal »to the
bath room«. Seien Sie auch sonst auf einige Tabus gefasst.
Und vertrauen Sie blind Paul Watzlawicks Anleitung, die uns
Amerika seit über 30 Jahren unvergleichlich nahebringt.

01/1221/03/R